TORONTO KANADA REISEFÜHRER 2024

Ein umfassender Toronto-Reiseführer für 2024 zur Entdeckung der Parks, kulturellen Wunder und aufregenden Abenteuer der Stadt im Herzen Kanadas.

Kommunikation in Houston

Die verschiedenen Sims zur Verwendung
WLAN-Nutzung und Zahlungen
Zu eröffnende Banken und Anforderungen
Shopping-Apps zur Nutzung

Kontaktinformationen

Tourismusbüros
Notrufnummern
Regeln und Vorschriften

Essen und Gastronomie

Kensington-Markt
St. Lawrence Markt
Chinatown
Brennereiviertel

Praktische Tipps in Toronto

Navigieren durch die Stadt
Reiseführer für eine effektivere Zufriedenheit

INHALTSVERZEICHNIS

EINFÜHRUNG

Diese pulsierende Metropole, ein Kaleidoskop der Kulturen, die sich in hoch aufragenden Wolkenkratzern und bezaubernden Kopfsteinpflasterstraßen widerspiegeln, brummt vor der Energie einer blühenden Zukunft. Auf diesen Seiten finden Sie den Schlüssel zur Gestaltung Ihres perfekten Toronto-Abenteuers, egal ob Sie ein erfahrener Reisender oder ein Abenteurer mit großen Augen sind.

Genießen Sie eine Vielfalt an Aromen. Tauchen Sie ein in die labyrinthischen Gassen des Kensington Market, wo Gewürze mit Vintage-Schätzen tanzen. Genießen Sie die Welt auf dem St. Lawrence Market, wo frische Produkte voller Farben und internationale Aromen Ihren Gaumen verführen. Stillen Sie Ihren Durst mit der Craft-Beer-Szene der Stadt, von gemütlichen Pubs bis hin zu Dachterrassen mit atemberaubender Aussicht.

Tauchen Sie ein in ein kulturelles Kaleidoskop. Machen Sie eine Zeitreise in die großartige Casa Loma, ein neugotisches Schloss, das Geheimnisse der elitären Vergangenheit Torontos verrät. Schlendern Sie durch die Schatzkammer der Art Gallery of Ontario, wo Meisterwerke aus der ganzen Welt zum Leben erwachen. Erleben Sie eine Live-Show in der legendären Danforth Music Hall, wo Legenden geboren wurden und neue Stars die Bühne zum Leuchten bringen.

Genießen Sie die natürliche Schönheit der Stadt. Entfliehen Sie dem Großstadtdschungel und machen Sie einen ruhigen Spaziergang durch den High Park, eine grüne Oase voller Leben. Fahren Sie mit dem Kajak auf dem glitzernden Wasser des Ontariosees und erleben Sie, wie die Skyline der Stadt im goldenen Sonnenlicht schimmert. Wandern Sie durch die malerischen Scarborough Bluffs und spüren Sie, wie der Wind durch Ihre Haare peitscht, während Sie auf die weite Fläche des Sees blicken.

Das ist erst der Anfang. Toronto lässt sich nicht definieren, ein lebendiger Teppich aus Geschichte, Kultur und grenzenloser Lebensfreude. Mit diesem Leitfaden als Kompass navigieren Sie durch versteckte Gassen, decken geheime Flüsterkneipen auf und stoßen auf unerwartete Freuden, die Ihnen den Atem rauben werden.

Packen Sie Ihre Koffer, schnüren Sie Ihre Schuhe und lassen Sie sich verzaubern. Das 6ix erwartet Sie und ist bereit, Sie mit offenen Armen und einer dampfenden Tasse Tim Hortons-Kaffee zu umarmen.

Lass das Abenteuer beginnen!

KAPITEL EINS

Willkommen in Toronto

Eingebettet im Herzen von Ontario, Kanada, entfaltet sich Toronto als dynamische Metropole, die ein reiches Geflecht aus Geschichte, Kultur und moderner

Lebendigkeit miteinander verbindet. Lassen Sie mich Sie auf Ihrer Reise durch diese vielfältige Stadt zu einigen verborgenen Schätzen und geschätzten Favoriten führen.

Der ikonische CN Tower ragt hoch empor und bietet nicht nur einen Panoramablick, sondern auch ein Gefühl der Ehrfurcht und des Staunens, das immer wieder in den Bann zieht. Schlendern Sie durch Viertel wie den Kensington Market, wo vielseitige Geschäfte und lokale Aromen für eine lebendige Atmosphäre sorgen. Es ist ein Ort, der mir am Herzen liegt, mit seiner einzigartigen Mischung aus künstlerischem Ausdruck und Gemeinschaftsgeist.

Gönnen Sie sich einen persönlichen Rückzugsort auf den Toronto Islands, einem ruhigen Hafen, nur eine Fahrt mit der Fähre von der geschäftigen Stadt entfernt. Hier bieten die ruhigen Landschaften und der Blick auf das Wasser einen perfekten Rückzugsort. Wenn Sie wie ich ein Kunstliebhaber sind, erkunden Sie das AGO oder die lebendige Straßenkunst in der Graffiti Alley für ein umfassendes Kulturerlebnis.

Verwöhnen Sie Ihren Gaumen auf dem St. Lawrence Market, wo frische Produkte, handgemachte Leckereien und das freundliche Geschwätz der örtlichen Händler ein Fest für die Sinne bereiten. Erkunden Sie das historische Distillery District, wo die Kopfsteinpflasterstraßen von Kunstgalerien, Boutiquen und gemütlichen Cafés gesäumt sind – der perfekte Ort für einen entspannten Nachmittag.

Wenn Sie durch die dynamischen Straßen Torontos schlendern, enthüllt jede Ecke ein neues Kapitel dieser urbanen Erzählung. Ob es sich um die architektonischen Wunderwerke des Finanzviertels oder die Grünflächen des High Parks handelt, Toronto verspricht eine detaillierte und individuelle Reise, die von Ihren einzigartigen Interessen und Neugierde geprägt ist. Genießen Sie jeden Moment Ihrer Erkundung dieser Stadt, die mir am Herzen liegt.

Was Sie vor Ihrer Reise wissen sollten

Bevor Sie Ihre Reise nach Toronto antreten, sollten Sie Folgendes wissen:

Wetterverhältnisse: Toronto hat vier verschiedene Jahreszeiten, also packen Sie entsprechend ein. Die Winter können kalt und schneereich sein, während die Sommer warm und feucht sind. Überprüfen Sie die Wettervorhersage für Ihre Reisedaten.

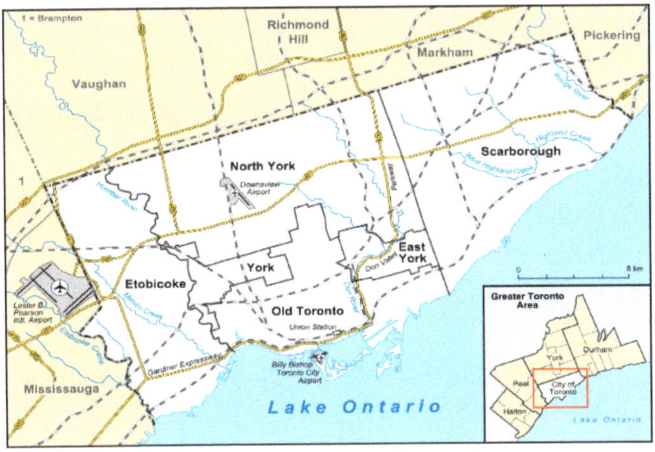

Währung: Die offizielle Währung ist der Kanadische Dollar (CAD). Kreditkarten werden weitgehend akzeptiert, es ist jedoch ratsam, für kleine Einkäufe und an Orten, an denen möglicherweise keine Karten akzeptiert werden, etwas Bargeld dabei zu haben.

Transport: Toronto verfügt über ein umfangreiches öffentliches Verkehrssystem, einschließlich Busse, U-Bahnen und Straßenbahnen. Machen Sie sich mit den Routen vertraut und erwägen Sie aus Bequemlichkeitsgründen den Kauf eines Transittickets.

Sprache: Englisch ist die Hauptsprache, die in Toronto gesprochen wird. Aufgrund der multikulturellen Natur der Stadt gibt es jedoch Menschen, die eine Vielzahl von Sprachen sprechen, was die vielfältige Bevölkerung der Stadt widerspiegelt.

Kulturelle Vielfalt: Toronto ist für seine kulturelle Vielfalt bekannt, die in der ganzen Stadt gefeiert wird. Nutzen Sie die Gelegenheit, Viertel wie Chinatown, Little Italy und mehr zu erkunden und den Reichtum verschiedener Kulturen zu erleben.

Sicherheit: Toronto gilt im Allgemeinen als sichere Stadt, aber wie in jedem Stadtgebiet ist es wichtig, wachsam zu bleiben, insbesondere an überfüllten Orten. Behalten Sie Ihre Sachen im Auge und achten Sie auf Ihre Umgebung.

Kippen: Trinkgeld ist in Toronto üblich. In Restaurants ist es üblich, ein Trinkgeld in Höhe von etwa 15–20 % der Gesamtrechnung zu geben. Trinkgeld wird auch für Dienstleistungen wie Taxis und Friseursalons erwartet.

Attraktionen und Veranstaltungen: Recherchieren und planen Sie im Voraus die Attraktionen, die Sie besuchen möchten, und alle Veranstaltungen, die während Ihres Aufenthalts stattfinden. Toronto bietet das ganze Jahr über zahlreiche Festivals und kulturelle Veranstaltungen.

Gesundheitspflege: Stellen Sie sicher, dass Sie über eine Reiseversicherung verfügen, die die Gesundheitsversorgung abdeckt, da medizinische Leistungen für Nichtansässige teuer sein können. Machen Sie sich mit der Lage der umliegenden Krankenhäuser und Kliniken vertraut.

Zeitzone: In Toronto gilt die Eastern Standard Time (EST). Berücksichtigen Sie den Zeitzonenunterschied, wenn Sie aus einer anderen Region anreisen.

Wenn Sie diese wichtigen Punkte im Hinterkopf behalten, sind Sie gut darauf vorbereitet, das Beste aus Ihrem Besuch in Toronto zu machen und die einzigartigen

Erlebnisse, die die Stadt zu bieten hat, in vollen Zügen zu genießen.

Beste Jahreszeiten, um Toronto zu besuchen

Toronto lockt mit einer Palette an Jahreszeiten, von denen jede ein eigenes und lebendiges Bild des Charakters der Stadt zeichnet:

Sommer (Juni bis August): Erleben Sie den lebhaften Herzschlag Torontos, während der Sommer beginnt. Warme Brisen laden Sie ein, die Parks der Stadt zu erkunden, an Festivals im Freien teilzunehmen und das lebendige Kaleidoskop der Farben zu erleben, das die Straßen schmückt.

Herbst (September bis November): Toronto verwandelt sich in eine faszinierende Leinwand aus Herbstfarben. Die Luft wird frisch und die Stadt ist in einen Teppich aus Rot-, Gelb- und Orangetönen gehüllt. Schlendern Sie durch

Parks, besuchen Sie kulturelle Veranstaltungen und tauchen Sie vor der Kulisse des Herbstlaubs in die filmische Magie von TIFF ein.

Frühling (April bis Juni): Erleben Sie die Wiederbelebung Torontos, während der Frühling der Stadt Leben einhaucht. Kirschblüten blühen und Parks erstrahlen in einem Farbenrausch. Es ist eine Zeit der Erneuerung, perfekt für gemütliche Spaziergänge, Outdoor-Aktivitäten und das Genießen der Vorfreude auf wärmere Tage.

Winter (Dezember bis Februar): Toronto zieht seinen Wintermantel an und verwandelt sich in ein magisches Wunderland. Ziehen Sie sich gut an zum Eislaufen, genießen Sie die festliche Stimmung bei Feiertagsveranstaltungen und erleben Sie den Charme der schneebedeckten Stadt. Der Winter in Toronto ist eine Jahreszeit voller Zauber.

Jede Saison in Toronto erzählt eine einzigartige Geschichte und lädt Sie ein, Teil der sich ständig verändernden Erzählung zu werden. Egal, ob Sie sich von der pulsierenden Energie des Sommers, dem gemütlichen Charme des Herbstes, der erfrischenden Blüte des Frühlings oder den bezaubernden Winterlandschaften angezogen fühlen, Toronto erwartet Sie mit einem fesselnden Erlebnis, das auf die Jahreszeit Ihrer Wahl zugeschnitten ist.

Wie komme ich nach Toronto?

Mit dem Flugzeug:
Eine Flugreise nach Toronto ist ein nahtloser Einstieg in das Herz dieser pulsierenden Metropole. Der Toronto Pearson International Airport (YYZ), einer der verkehrsreichsten Flughäfen der Welt, wird zu Ihrem Tor. Erwarten Sie beim Landeanflug die atemberaubende Aussicht auf die ikonische Skyline der Stadt, den Ontariosee, der sich in der Ferne erstreckt, und die städtische Zersiedelung, die Ihre Ankunft kennzeichnet.

Toronto Pearson sorgt mit seinen modernen Einrichtungen, effizienten Dienstleistungen und einem spürbaren Gefühl der Aufregung für einen reibungslosen Übergang, wenn Sie das geschäftige Flughafengelände betreten und bereit sind, die Stadt zu erkunden.

Mit dem Zug:

Wenn Sie sich für den Zug nach Toronto entscheiden, entscheiden Sie sich sowohl für Komfort als auch für den malerischen Charme. VIA Rail bietet eine malerische Reise und bietet den Passagieren einen Panoramablick auf die vielfältigen Landschaften Kanadas. Wenn Sie sich Ihrem Ziel nähern, entpuppt sich die Union Station als großes architektonisches Wunderwerk in der Innenstadt von Toronto.

Das rhythmische Summen der Bahngleise weckt Vorfreude und kündigt Ihre Ankunft im Herzen der Stadt an. Die Union Station mit ihrer historischen Bedeutung und modernen Annehmlichkeiten bildet die Bühne für Ihre Stadterkundung und verbindet nahtlos die Romantik einer Bahnreise mit der pulsierenden Energie Torontos.

Mit dem Bus:
Wenn Sie die weniger befahrene Straße wählen, gelangen Sie mit dem Bus nach Toronto, ein Abenteuer, das sich Schritt für Schritt entfaltet. Greyhound oder Megabus führen Sie neben anderen Überlandbussen durch abwechslungsreiche Gebiete.

Stellen Sie sich vor Ihrem Fenster die sich verändernden Landschaften vor, von sanften Hügeln bis hin zu städtischer Zersiedelung, die den Fortschritt Ihrer Reise markieren. Der Toronto Coach Terminal wird zu Ihrem Ankunftspunkt, wo sich das Summen des Busmotors in den pulsierenden Herzschlag der Stadt verwandelt. Das Abenteuer Toronto beginnt am Terminal und verspricht ein schrittweises Eintauchen in die geschäftigen Straßen und dynamischen Viertel.

Mit dem Auto:
Ein Roadtrip nach Toronto ist ein immersives Erlebnis, bei dem Sie auf jeder Meile den Puls der Reise spüren

können. Ontarios Autobahnen, insbesondere die 401, führen Sie durch eine sich verändernde Landschaft, von ländlichen Szenen bis hin zur Vorfreude auf Stadterkundungen. Jedes Autobahnschild wird zu einem Meilenstein und bringt Sie der vielseitigen Energie Torontos näher.

Die Skyline offenbart sich allmählich am Horizont und markiert den Höhepunkt Ihres Straßenabenteuers und den Beginn Ihrer Erkundung des Herzens der Stadt.

Per Kreuzfahrt:
Wenn Sie mit einem Kreuzfahrtschiff in Toronto ankommen, wird Ihre Reise zu einem nautischen Spektakel. Stellen Sie sich das sanfte Gleiten entlang der Uferpromenade des Lake Ontario vor, mit der Skyline der Stadt als faszinierendem Hintergrund. Während das Schiff anlegt, entfaltet sich Torontos urbanes Drama vor Ihnen. Diese einzigartige Anreise auf dem Seeweg verleiht Ihrer Erkundungstour eine theatralische Note und bereitet die Bühne für die Entdeckung der vielfältigen Angebote Torontos.

Die Uferpromenade wird zu Ihrem Tor, und das Kreuzfahrterlebnis geht nahtlos in das pulsierende Bild der Stadt über und verspricht eine Erkundung, die so einzigartig ist wie Ihr maritimer Eingang.

KAPITEL ZWEI

Sehenswürdigkeiten in Toronto, die man gesehen haben muss

Entdecken Sie die Essenz von Toronto anhand seiner Sehenswürdigkeiten, die man gesehen haben muss, darunter der berühmte CN Tower mit atemberaubender Aussicht, der kulturelle Reichtum des Royal Ontario Museum und der ruhige Rückzugsort der Toronto Islands. Tauchen Sie ein in den historischen Charme des Distillery District, erkunden Sie die Natur im High Park und bewundern Sie die vielfältigen Kunstsammlungen in der Art Gallery of Ontario.

Verwöhnen Sie Ihre Sinne auf dem St. Lawrence Market, begeben Sie sich auf eine Tierreise im Toronto Zoo und nehmen Sie an interaktivem Lernen im Ontario Science Centre teil. Für Sportbegeisterte feiert die Hockey Hall of Fame Kanadas Leidenschaft für Hockey. Torontos Attraktionen bieten ein vielfältiges Erlebnis, das kulturelle Erkundungen, Schönheit im Freien und familienfreundliche Abenteuer miteinander verbindet.

CN-Turm

Der CN Tower, ein hoch aufragendes architektonisches Wunderwerk, prägt die Skyline von Toronto und ist ein Symbol sowohl für Ingenieurskunst als auch für die Identität der Stadt. Der 1976 fertiggestellte Turm trug über drei Jahrzehnte lang den Titel des höchsten freistehenden Bauwerks der Welt. Seine ikonische Silhouette, die durch einen schlanken Turm und eine bauchige Aussichtsplattform gekennzeichnet ist, ist zum Synonym für Toronto selbst geworden.

Mit einer Höhe von 553 Metern (1.815 Fuß) bietet der CN Tower eine unvergleichliche Perspektive auf die Stadt und ihre Umgebung. Die Hauptaussichtsplattform liegt auf 346 Metern Höhe und bietet einen atemberaubenden Panoramablick. Die mutigsten Besucher können jedoch mit dem EdgeWalk noch einen Schritt weiter gehen. Dieses aufregende Outdoor-Erlebnis ermöglicht es den Teilnehmern, freihändig und an einer Deckenschiene befestigt das Dach des Turms zu umrunden – ein gewagtes Abenteuer für alle, die einen Adrenalinstoß mit unvergleichlichen Aussichten suchen.

Im Inneren des Turms sind der Glasboden und die SkyPod-Aussichtsebene weitere Highlights. Der Glasboden, der sich auf 342 Metern (1.122 Fuß) befindet, bietet eine einzigartige Perspektive, wenn Besucher über einen Boden aus verstärktem Glas gehen. Es ist ein Erlebnis, das gleichzeitig aufregend und beunruhigend sein kann, wenn sich die Stadtlandschaft direkt unter Ihren Füßen entfaltet. Der SkyPod, der auf einer Höhe von 447 Metern (1.465 Fuß) thront, reicht für diejenigen, die den ultimativen Aussichtspunkt suchen, sogar noch höher.

Die Bedeutung des CN Tower geht über seine architektonische Größe hinaus; Es ist zu einem integralen Bestandteil des kulturellen Gefüges Torontos geworden. Es wurde in zahlreichen Filmen und Fernsehsendungen gezeigt und wird häufig in Werbematerialien für die Stadt präsentiert. Der Turm ist ein Leuchtturm für Bewohner und Besucher gleichermaßen und von verschiedenen Aussichtspunkten in Toronto und der umliegenden Region aus sichtbar.

Über seinen Reiz am Tag hinaus verwandelt sich der CN Tower nachts in ein leuchtendes Spektakel mit einem Beleuchtungssystem, das die Skyline von Toronto beleuchtet. Die Farben des Turms ändern sich häufig, um besondere Anlässe oder Feiern zu kennzeichnen oder das Bewusstsein für wohltätige Zwecke zu schärfen, wodurch seine dynamische Rolle im kulturellen Geschehen der Stadt hervorgehoben wird.

Im Wesentlichen ist der CN Tower nicht nur eine Aussichtsplattform; Es ist ein Symbol für Torontos Ehrgeiz, ein Zeugnis menschlicher Errungenschaften und ein Leuchtturm, der Menschen aus der ganzen Welt dazu einlädt, die Großartigkeit der Stadt aus neuen Höhen zu erleben.

Royal Ontario Museum (ROM)

Das Royal Ontario Museum (ROM) ist ein Leuchtturm der kulturellen Bereicherung und Erkundung im Herzen von Toronto. Das 1912 gegründete Museum hat sich zu einer der größten und umfassendsten Institutionen seiner Art in Nordamerika entwickelt. An der Kreuzung von Bloor Street und Avenue Road gelegen, ist das ROM nicht nur eine Sammlung von Artefakten, sondern ein architektonisches Wahrzeichen, das historische und moderne Elemente nahtlos miteinander verbindet.

Die umfangreiche Sammlung des Museums umfasst die Bereiche Naturgeschichte, Weltkulturen und Kunst und bietet eine facettenreiche Reise durch die Zeit und über

Kontinente hinweg. Mit über sechs Millionen Objekten in seinem Besitz bietet das ROM Besuchern jeden Alters ein dynamisches und immersives Erlebnis.

Der Michael-Lee-Chin-Kristall, eine ikonische Ergänzung der Architektur des ROM, ist eine kristalline Struktur, die als Haupteingang des Museums dient. Dieses vom Architekten Daniel Libeskind entworfene zeitgenössische Juwel bildet einen schönen Kontrast zu den ursprünglichen historischen Gebäuden und schafft eine harmonische Verschmelzung von Alt und Neu.

Innerhalb der Mauern des ROM können sich Besucher auf eine kulturelle Odyssee begeben. Die naturhistorischen Galerien beherbergen beeindruckende Ausstellungen mit Dinosaurierfossilien, Mineralien und Exemplaren aus den verschiedenen Ökosystemen der Erde. Die Gallery of China, die Gallery of Africa und die First Peoples Gallery zeigen den Reichtum der Weltkulturen und präsentieren Artefakte aus Jahrhunderten und Kontinenten.

Kunstliebhaber können die umfangreichen Kunstsammlungen des ROM erkunden, die von europäischen Gemälden bis hin zu indigener Kunst reichen. Das ganze Jahr über stattfindende Sonderausstellungen bieten zusätzliche Entdeckungsebenen und behandeln so unterschiedliche Themen wie antike Zivilisationen, modernes Design und wissenschaftliche Innovationen.

Das Engagement des ROM für Bildung wird durch seine ansprechenden Programme, Workshops und interaktiven Ausstellungen deutlich. Von praktischen Aktivitäten für junge Lernende bis hin zu ausführlichen Vorträgen für

Enthusiasten fördert das Museum die Liebe zum Lernen und die Neugier auf die Welt.

Das ROM ist mehr als nur ein Museum, es ist ein dynamisches Zentrum für kulturellen Austausch und intellektuelle Erkundung. Es ist ein Zeugnis der lebendigen Kulturszene Torontos und lädt Besucher ein, in die Wunder der Natur einzutauchen, die Feinheiten der Menschheitsgeschichte zu erkunden und die Schönheit des künstlerischen Ausdrucks zu schätzen – alles unter einem Dach. Das Royal Ontario Museum ist ein lebendiges Zeugnis der Vielfalt unserer gemeinsamen menschlichen Erfahrungen, eine sich ständig weiterentwickelnde Institution, die immer wieder fasziniert und inspiriert.

Toronto-Inseln

Die Toronto Islands, ein ruhiger Archipel direkt an der geschäftigen Innenstadt gelegen, bieten einen ruhigen Rückzugsort und einen Panoramablick auf die Skyline von Toronto. Diese Inseln – darunter Center Island, Ward's Island und Hanlan's Point – sind mit der Fähre oder privaten Wassertaxis erreichbar und bieten einen Rückzugsort in der Natur, der atemberaubende Landschaften mit Freizeitaktivitäten verbindet.

Center Island, die größte der Gruppe, ist ein Paradies für Familien und Tagesausflügler. Hier finden Sie Picknickplätze, einen Streichelzoo und den beliebten Vergnügungspark Centerville mit Fahrgeschäften und Attraktionen für alle Altersgruppen. Schlendern Sie entlang der malerischen Promenaden oder mieten Sie ein Fahrrad, um die von Bäumen gesäumten Wege zu erkunden und dabei einen Blick auf die Skyline der Stadt und den ruhigen Blick auf den See zu werfen.

Ward's Island bietet eine ruhigere Atmosphäre mit charmanten Cottages, einem unberührten Strand und Wegen, die sich ideal für gemütliche Spaziergänge eignen. Es ist ein Paradies für Naturliebhaber, die Möglichkeiten zur Vogelbeobachtung und einen ruhigen Rückzugsort vom städtischen Trubel suchen.

Hanlan's Point, bekannt für seinen FKK-Strand, ist für ein vielfältiges Publikum geeignet. Jenseits des Strandes ist die Insel mit Wiesen übersät und bietet eine malerische Kulisse für einen Tag voller Entspannung oder sportlicher Aktivitäten.

Die Toronto Islands sind nicht nur ein Sommerziel; Sie verzaubern Besucher das ganze Jahr über. Im Winter verwandeln sich die Inseln in ein ruhiges Winterwunderland und bieten einen friedlichen Zufluchtsort für diejenigen, die Ruhe und atemberaubende schneebedeckte Landschaften suchen.

Brennereiviertel

Der Distillery District, ein historisches Juwel im Herzen von Toronto, lockt Besucher mit bezaubernden Kopfsteinpflasterstraßen, Gebäuden aus rotem Backstein aus der viktorianischen Zeit und einer lebendigen Atmosphäre, die Vergangenheit und Gegenwart nahtlos miteinander verbindet. Dieses nur für Fußgänger zugängliche Viertel liegt östlich der Innenstadt und ist ein Paradies für Kunst, Kultur und kulinarische Entdeckungen.

Ursprünglich war das Gebiet die Heimat der Gooderham and Worts Distillery, die von 1832 bis 1990 in Betrieb war, und erlebte einen bemerkenswerten Wandel. Heute gilt es als eines der besten Beispiele eines gut erhaltenen viktorianischen Industriekomplexes in Nordamerika. Die roten Backsteingebäude, in denen einst Whiskybrennereien untergebracht waren, beherbergen heute eine vielfältige Auswahl an Boutiquen, Galerien, Cafés und Restaurants.

Ein Spaziergang durch das Distillery District fühlt sich an wie eine Zeitreise in die Vergangenheit. Die erhaltene Architektur und das historische Ambiente schaffen einen malerischen Rahmen für Kunstinstallationen, Freiluftaufführungen und kulturelle Veranstaltungen. Der Bezirk ist ein Zentrum der Kreativität. Zahlreiche Kunstgalerien zeigen Werke von zeitgenössischen Stücken bis hin zu traditionellem Kunsthandwerk.

Kulinarische Köstlichkeiten gibt es im Distillery District in Hülle und Fülle: Zahlreiche Restaurants, Cafés und Kunsthandwerksläden bieten eine Vielfalt an internationalen Gerichten. Von feinen Speiselokalen bis hin zu charmanten Cafés in ruhigen Ecken lädt das Viertel seine Besucher ein, vielfältige Aromen zu genießen und einzigartige kulinarische Erlebnisse zu genießen.

Der Distillery District ist nicht nur ein Tagesziel; Abends wird es durch den warmen Schein der Lichterketten zum Leben erweckt und schafft eine magische Atmosphäre. Die Außenterrassen und Kopfsteinpflasterstraßen werden zu einer lebendigen Kulisse für geselliges Beisammensein, Live-Musik und besondere Veranstaltungen.

Das ganze Jahr über finden im Bezirk Feste und Märkte wie der Toronto Christmas Market statt, die die Gegend in ein festliches Wunderland verwandeln. Diese Veranstaltungen feiern die Jahreszeiten, lokale

Kunsthandwerker und den lebendigen Geist der Gemeinschaft.

Hoher Park

Überblick über den High Park

Der High Park liegt im Herzen von Toronto und ist der größte öffentliche Park der Stadt. Er bietet einen Rückzugsort in die Natur, der nahtlos mit der Stadtlandschaft harmoniert. Der High Park erstreckt sich über eine großzügige Fläche und zeichnet sich durch üppiges Grün, abwechslungsreiche Landschaften und ein reichhaltiges Angebot an Freizeit- und Bildungsangeboten aus.

Üppiges Grün und vielfältige Lebensräume

Der Reiz des High Park liegt in seinen weitläufigen Grünflächen und abwechslungsreichen Landschaften, die sowohl für Naturliebhaber als auch für

Gelegenheitsspaziergänger ein Paradies sind. Der Park widmet sich der Erhaltung natürlicher Lebensräume und ermöglicht Besuchern, in die Schönheit verschiedener Ökosysteme direkt innerhalb der Stadtgrenzen einzutauchen.

Freizeitaktivitäten und Outdoor-Abenteuer

Für diejenigen, die Outdoor-Abenteuer suchen, bietet High Park ein Netz von Wanderwegen und malerischen Wegen. Ruhige Spaziergänge auf naturreichen Wegen offenbaren malerische Landschaften und malerische Aussichtspunkte und schaffen den perfekten Rahmen für Einsamkeit und Geselligkeit. Die Sport- und Freizeiteinrichtungen des Parks bieten eine Reihe von Freizeitaktivitäten und fördern einen gesunden und aktiven Lebensstil der Besucher.

Familienfreundliche Attraktionen und Bildungsangebote

High Park ist nicht nur ein natürlicher Rückzugsort; Es bietet auch familienfreundliche Attraktionen und Bildungsprogramme. Der High Park Zoo ist mit seiner faszinierenden Geschichte und seinen vielfältigen Bewohnern ein beliebtes Ausflugsziel für Familien. Bildungsinitiativen im Park zielen darauf ab, eine tiefere Verbindung zwischen Besuchern und der Natur zu fördern und den Umweltschutz zu fördern.

Historische Bedeutung und kulturelle Auswirkungen

Der Grenadier Pond, ein herausragendes Merkmal im High Park, ist von historischer Bedeutung und verleiht der Parklandschaft einen einzigartigen Charme. Historische

Stätten und Wahrzeichen tragen zusätzlich zum kulturellen Reichtum von High Park bei. Der Park wird bei Veranstaltungen und Festivals zu einem lebendigen kulturellen Zentrum und unterstreicht seine Bedeutung als Treffpunkt für die Gemeinschaft.

Die Essenz von High Park für zukünftige Generationen bewahren

Als Hüter der natürlichen Schönheit Torontos engagiert sich High Park aktiv für Naturschutzbemühungen. Es gibt Initiativen, um die Erhaltung des Wesens des Parks mit öffentlichem Zugang und Vergnügen in Einklang zu bringen. High Park ist nicht nur eine urbane Oase für heutige Bewohner und Besucher, sondern auch ein Vermächtnis, das dafür sorgt, dass die bezaubernde Schönheit und ökologische Bedeutung auch künftigen Generationen erhalten bleibt.

Kunstgalerie von Ontario (AGO)

Einführung in AGO

Die Art Gallery of Ontario (AGO) ist ein kultureller Eckpfeiler der lebendigen Kunstszene Torontos. Mit einem reichen Erbe ist die AGO eine dynamische Institution, die sich im Laufe der Jahre zu einem Leuchtturm künstlerischer Forschung entwickelt hat.

Architektonische Pracht

Die architektonische Pracht von AGO steigert das gesamte Kunsterlebnis. Renovierungen und Erweiterungen haben nicht nur die Galeriefläche vergrößert, sondern auch einzigartige Designelemente eingeführt, die jeden Besuch zu einer immersiven Reise durch Kunst und Architektur machen.

Zeit- und kulturübergreifende Sammlungen

Die umfangreichen Kunstsammlungen von AGO bieten eine vielfältige und umfassende Darstellung künstlerischer Ausdrucksformen. Von kanadischen und europäischen Meisterwerken bis hin zu indigenen Kunstwerken bietet die Galerie einen umfassenden Überblick über das künstlerische Erbe, das Brückenkulturen und Epochen verbindet.

Ausstellungen zeitgenössischer und moderner Kunst

Das Engagement für die Präsentation zeitgenössischer Kunst zeichnet AGO aus. Die Galerie beschäftigt sich aktiv mit sich entwickelnden Kunstformen und Ausdrucksformen und stellt sicher, dass Besucher nicht nur historische Meisterwerke, sondern auch die neuesten Entwicklungen der Kunstwelt kennenlernen.

Bildungsinitiativen und gemeinschaftliches Engagement

AGO dient als Drehscheibe für Kunsterziehung und bietet Programme an, die auf Kinder, Studenten und lebenslang Lernende zugeschnitten sind. Das Engagement der Galerie für Öffentlichkeitsarbeit und Inklusion spiegelt ihr Engagement wider, Kunst einem vielfältigen Publikum zugänglich zu machen.

Sonderausstellungen und Gemeinschaftsprojekte

Der Ausstellungskalender der AGO ist dynamisch und bietet wechselnde Sonderausstellungen, die bemerkenswerte und temporäre Ausstellungen hervorheben. Kooperationen mit anderen Institutionen tragen zu einem globalen Dialog über Kunst und Kultur bei und bereichern das Angebot der Galerie.

Interaktive Räume und Besuchererlebnis

Interaktive Galerien und Installationen innerhalb von AGO bieten ein einzigartiges und fesselndes Kunsterlebnis. Die Galerie ermutigt die Besucher zur aktiven Teilnahme und fördert so eine tiefere Verbindung zwischen dem Publikum und der ausgestellten Kunst.

Besucherleistungen und AGO-Mitgliedschaft

AGO bietet Besuchern Annehmlichkeiten und die Vorteile einer Mitgliedschaft und verbessert so das Gesamterlebnis. Die Einrichtungen sorgen für den Komfort und das Vergnügen der Besucher, während die Mitgliedschaft die Mission der Galerie kontinuierlich unterstützt.

Im Wesentlichen ist die AGO mehr als nur ein Aufbewahrungsort für Kunst; Es ist ein dynamischer kultureller Zufluchtsort. Von architektonischen Wunderwerken bis hin zu vielfältigen Sammlungen, Bildungsinitiativen und gesellschaftlichem Engagement lädt die AGO Einzelpersonen ein, in die Welt der Kunst einzutauchen und so eine tiefere Wertschätzung für Kreativität und kulturellen Ausdruck zu fördern.

St. Lawrence Markt

Historische Bedeutung:
Der St. Lawrence Market, dessen Wurzeln bis ins Jahr 1803 zurückreichen, ist ein Zeugnis der reichen Geschichte Torontos, die sich von einem einfachen Markt zu einem lebendigen kulinarischen und kulturellen Ziel entwickelt hat.

Marktatmosphäre:
Der Markt brummt vor Lebendigkeit und bietet in einer geschäftigen Atmosphäre ein vielfältiges Angebot an Anbietern. Es ist eine kulinarische Schatzkammer mit frischen Produkten, handwerklich hergestellten Waren und internationaler Küche, was es zu einem Paradies für Feinschmecker macht.

Kulinarische Genüsse:
Der St. Lawrence Market ist ein wahrer Genuss für alle Sinne und bietet eine bemerkenswerte Auswahl an Gourmetangeboten. Von bauernhoffrischen Produkten bis hin zu Käse- und Fleischspezialitäten und einzigartigen

Köstlichkeiten wird ein breites Spektrum an Geschmäckern abgedeckt.

Kulturelles Erbe:
Der Markt spiegelt die kulturelle Vielfalt Torontos wider und vereint eine Mischung aus internationalen Aromen und traditioneller kanadischer Küche. Es ist ein kulinarischer Mikrokosmos, der den dynamischen Kulturteppich der Stadt widerspiegelt.

Spezialstände und Anbieter:
An jeder Ecke des Marktes gibt es einzigartige Stände, an denen alles von frischen Meeresfrüchten bis hin zu handgefertigter Schokolade angeboten wird. Es ist ein Ort, an dem Einheimische und Besucher kulinarische Schätze entdecken und genießen können.

Verschmelzung von Alt und Neu:
Der Markt verbindet nahtlos historische Architektur mit modernen Annehmlichkeiten und schafft so eine Atmosphäre, die Tradition mit Innovation verbindet. Diese Fusion steigert das Gesamterlebnis und macht es sowohl charmant als auch praktisch.

Veranstaltungen und Festivals:
Der St. Lawrence Market ist nicht nur ein Marktplatz; es ist ein ereignisreicher Raum. Hier finden kulinarische Veranstaltungen, Food-Festivals und Wettbewerbe statt, die der kulinarischen Szene Torontos eine dynamische Note verleihen.

Community-Hub:
Der St. Lawrence Market ist nicht nur ein Marktplatz, sondern auch ein Gemeinschaftszentrum, das das

Zusammengehörigkeitsgefühl zwischen Stammgästen und Touristen gleichermaßen fördert. Es ist ein Ort, an dem Feinschmecker zusammenkommen, Erfahrungen austauschen und zum lebendigen Geist der kulinarischen Kultur Torontos beitragen.

Toronto Zoo

Umfang und Größe:
Mit einer Fläche von 700 Hektar zählt der Toronto Zoo zu den größten der Welt und bietet eine riesige Leinwand zur Präsentation der Vielfalt der Tierwelt. Mit Tausenden von Tieren verschiedener Arten bietet es ein umfassendes und immersives zoologisches Erlebnis

Zoogeografische Regionen:
Um den Bildungs- und Erlebnisaspekt zu verbessern, ist der Zoo geschickt in zoogeografische Regionen unterteilt. Jeder Abschnitt bildet spezifische Ökosysteme nach und bietet Besuchern eine Reise durch afrikanische Savannen,

indisch-malaiische Regenwälder und andere faszinierende Lebensräume.

Naturschutzinitiativen:
Der Toronto Zoo nimmt eine proaktive Haltung bei den weltweiten Naturschutzbemühungen ein. Durch die aktive Beteiligung an Zuchtprogrammen und dem Schutz wild lebender Tiere spielt der Zoo eine entscheidende Rolle beim Schutz gefährdeter Arten und bei der Förderung der Artenvielfalt auf breiterer Ebene.

Ausstellungen und Lebensräume:
Im Mittelpunkt der Philosophie des Toronto Zoos steht die Schaffung innovativer Ausstellungsstücke und naturalistischer Lebensräume. Diese Räume stellen nicht nur Tiere zur Schau, sondern legen auch Wert auf ihr Wohlbefinden, indem sie ihre natürliche Umgebung nachbilden und ein Gleichgewicht zwischen Offenheit und simulierten Landschaften bieten.

Bildungsprogramme:
Der Zoo dient als Bildungszentrum und bietet vielfältige Programme und interaktive Ausstellungen für Besucher jeden Alters. Durch die Sensibilisierung für den Schutz der Tierwelt und den Umweltschutz trägt der Toronto Zoo dazu bei, ein Verantwortungsgefühl gegenüber dem Planeten zu fördern.

Panda-Ausstellung:
Der Toronto Zoo ist stolz darauf, im Rahmen des Giant Panda Conservation Program die Riesenpandas Er Shun und Da Mao zu beherbergen. Über den Reiz der Ausstellung hinaus symbolisiert sie das Engagement des

Zoos für globale Initiativen zum Schutz dieser symbolträchtigen und gefährdeten Tiere.

Veranstaltungen und Attraktionen:
Zusätzlich zu seinem regulären Angebot veranstaltet der Toronto Zoo das ganze Jahr über eine Reihe saisonaler Veranstaltungen, pädagogische Workshops und Attraktionen zum Thema Tierwelt. Dieser dynamische Ansatz stellt sicher, dass jeder Besuch neue und ansprechende Erlebnisse verspricht.

Familienfreundliche Ausstattung:
Der Toronto Zoo ist sich der Bedeutung von Familienerlebnissen bewusst und bietet Annehmlichkeiten wie Spielbereiche und Picknickplätze. Ziel ist es, eine einladende Umgebung für Familien zu schaffen und die Verbindung zur Natur und Tierwelt zu fördern.

Im Wesentlichen geht der Toronto Zoo über das herkömmliche Zooerlebnis hinaus. Es handelt sich um eine facettenreiche Institution, die Naturschutz, Bildung und Unterhaltung nahtlos miteinander verbindet und Besucher zu einer fesselnden Reise in die Wunder des Tierreichs einlädt und gleichzeitig die Bedeutung globaler Verantwortung hervorhebt.

Ontario Science Center

Interaktive Ausstellungen:
Das Ontario Science Centre ist ein Leuchtturm des interaktiven Lernens und fesselt Besucher mit ansprechenden Ausstellungen, die ein Spektrum wissenschaftlicher Disziplinen abdecken. Diese zum Anfassen konzipierten Exponate regen zum Entdecken und zur aktiven Teilnahme an und machen die Wissenschaft zu einem greifbaren und spannenden Erlebnis.

Bildungsprogramme:
Das Wissenschaftszentrum setzt sich dafür ein, die Liebe zur Wissenschaft zu fördern und bietet ein vielfältiges Angebot an Bildungsprogrammen für alle Altersgruppen. Von Workshops und Demonstrationen bis hin zu interaktiven Sitzungen zielen die Programme darauf ab, Neugier und ein tieferes Verständnis wissenschaftlicher Prinzipien zu wecken.

Erforschung von Wissenschaft und Technologie:

Im Mittelpunkt der Faszination des Wissenschaftszentrums steht sein Engagement für die Erforschung der sich ständig weiterentwickelnden Landschaft von Wissenschaft und Technologie. Innovative Exponate vertiefen sich in die neuesten Entwicklungen und ermöglichen den Besuchern einen Einblick in die hochmoderne Welt der Entdeckungen.

Naturschutzinitiativen:
Über den traditionellen naturwissenschaftlichen Unterricht hinaus legt das Science Center Wert auf Umweltbewusstsein und Nachhaltigkeit. Die Ausstellungen beleuchten die Auswirkungen wissenschaftlicher Fortschritte auf Naturschutzbemühungen und unterstreichen die Rolle der Wissenschaft bei der Bewältigung kritischer globaler Herausforderungen.

Live-Demonstrationen:
Ein Höhepunkt des Science Center-Erlebnisses sind die regelmäßigen Live-Demonstrationen und Wissenschaftsshows. Diese fesselnden Präsentationen unterhalten nicht nur, sondern dienen auch als wirkungsvolles Instrument, um Besucher über die Wunder der Wissenschaft zu inspirieren und aufzuklären.

Familienfreundliche Atmosphäre:
Das Science Center ist sich der Bedeutung von Familienerlebnissen bewusst und ist familienfreundlich gestaltet. Interaktive Zonen und kinderfreundliche Ausstellungen schaffen eine Umgebung, in der Lernen und Spaß nahtlos nebeneinander existieren und die Neugier schon in jungen Jahren wecken.

Astronomie und Weltraumforschung:
Spezielle Ausstellungen und Ausstellungen zum Thema Weltraum machen das Science Center zu einem Paradies für Astronomie-Enthusiasten. Diese Ausstellungen inspirieren die nächste Generation von Astronomen und Weltraumforschern und tauchen in die Geheimnisse des Kosmos ein.

Inklusives Lernen:
Das Ontario Science Centre setzt sich dafür ein, den naturwissenschaftlichen Unterricht einem vielfältigen Publikum zugänglich zu machen. Durch die Integration von Barrierefreiheitsfunktionen wird sichergestellt, dass jeder, unabhängig von seinen Fähigkeiten, an den Wundern und Spannungen der wissenschaftlichen Forschung teilhaben kann.

Hockey Hall of Fame

Historische Bedeutung:

Die Hockey Hall of Fame ist eine angesehene Institution und würdigt die reiche Geschichte und die legendären Persönlichkeiten des Hockeys. Es dient als ultimative Hommage an die größten Spieler, Trainer und Entwickler des Sports und fasst die Essenz ihrer Beiträge zum Spiel zusammen.

Exponate und Artefakte:
Die Hall of Fame verfügt über eine umfangreiche Sammlung von Eishockey-Erinnerungsstücken, darunter Trikots, Ausrüstung und Artefakte, die die Entwicklung des Sports dokumentieren. Interaktive Ausstellungen bieten den Besuchern eine fesselnde Reise durch die ikonischen Momente, die das Erbe des Eishockeys geprägt haben.

Große Halle:
Das Herzstück der Hockey Hall of Fame, die Große Halle, ist ein symbolischer Raum, der mit den Plaketten geehrter Mitglieder geschmückt ist. Es dient als feierliche Hommage an die in der Halle verankerten Legenden und stellt eine greifbare Verbindung zwischen den Besuchern und der sagenumwobenen Geschichte des Spiels her.

Stanley cup:
Ein Highlight für jeden Eishockey-Enthusiasten: Die Halle zeigt stolz den legendären Stanley Cup. Diese verehrte Trophäe mit ihrer illustren Geschichte dient als starkes Symbol für Exzellenz und den ultimativen Erfolg in der Welt des Eishockeys.

Interaktive Spiele:

Die Halle bietet Besuchern die Möglichkeit, an interaktiven Spielen und Simulationen teilzunehmen und so die Fähigkeiten und Herausforderungen, die diesen Sport ausmachen, aus erster Hand zu erleben. Es ist eine Chance für Fans, das virtuelle Eis zu betreten und die Nuancen des Spiels zu genießen.

Legends of Hockey Zone:
Immersive Ausstellungen in diesem Bereich befassen sich mit den persönlichen Geschichten und Erfolgen der größten Eishockeylegenden. Es bietet eine umfassende Untersuchung der Karrieren und Auswirkungen dieser ikonischen Persönlichkeiten und ermöglicht ein tieferes Verständnis ihrer Beiträge zum Sport.

Film- und Multimediapräsentationen:
Multimedia-Präsentationen in der Hall of Fame fangen das Drama und die Spannung historischer Hockey-Momente ein. Durch audiovisuelles Geschichtenerzählen werden die Besucher auf eine fesselnde Reise durch die Entwicklung des Sports mitgenommen und steigern so ihr Verständnis für seine kulturelle Bedeutung.

Temporäre Ausstellungen und Veranstaltungen:
Die Hall of Fame bleibt mit wechselnden Ausstellungen und Sonderveranstaltungen das ganze Jahr über dynamisch. Dies stellt sicher, dass jeder Besuch ein einzigartiges Erlebnis ist und neue Perspektiven und Einblicke in verschiedene Aspekte der Hockeygeschichte und -kultur bietet.

Casa Loma

Architektonische Größe:
Casa Loma, ein architektonisches Meisterwerk im neugotischen Stil, ziert Toronto mit seiner majestätischen Präsenz. Das im frühen 20. Jahrhundert erbaute Gebäude weckt mit seinen hohen Türmen, aufwendigen Details und opulenten Innenräumen ein Gefühl mittelalterlicher Pracht.

Sir Henry Pellatts Vermächtnis:
Casa Loma wurde vom Finanzier Sir Henry Pellatt als sein Traumhaus in Auftrag gegeben und ist ein Symbol für Torontos Geschichte und Wohlstand. Das Schloss, ein einzigartiges Stück der Vergangenheit der Stadt, ist ein Beweis für Pellatts Vision und Reichtum.

Gärten und Anlagen:
Rund um das Schloss bieten die weitläufigen Gärten von Casa Loma ein atemberaubendes Panorama auf Toronto. Die sorgfältige Landschaftsgestaltung, die formelle und informelle Elemente verbindet, sorgt für einen ruhigen

Rückzugsort und ergänzt die architektonische Pracht des Schlosses.

Museum und Ausstellungen:
Im Casa Loma präsentiert ein Museum die Geschichten und Artefakte seiner reichen Geschichte. Wechselnde Ausstellungen tauchen in verschiedene Facetten der Vergangenheit Torontos ein und ermöglichen es den Besuchern, das kulturelle und historische Geflecht zu erkunden, das das Schloss ausmacht.

Sir Henrys Suite:
Besucher haben die Möglichkeit, die opulenten Privatgemächer von Sir Henry Pellatt zu erkunden. Aufwendig dekorierte Zimmer, originale Möbel und luxuriöse Details entführen die Gäste in eine Ära aristokratischen Lebensstils und bieten einen Einblick in den Lebensstil des ursprünglichen Besitzers des Schlosses.

Besondere Veranstaltungen und Aufführungen:
Casa Loma ist nicht nur eine historische Stätte; Es ist ein Ort für kulturelle Erlebnisse. Durch die Austragung besonderer Veranstaltungen, Konzerte und thematischer Aufführungen verwandelt sich das Schloss in einen lebendigen Raum, dessen bezaubernde Atmosphäre dem kulturellen Reichtum, den es ausstrahlt, eine zusätzliche Ebene verleiht.

Flucht aus dem Turm:

Für diejenigen, die ein einzigartiges Erlebnis suchen, bietet Casa Loma einen interaktiven Fluchtraum innerhalb seiner historischen Räumlichkeiten. Diese immersive Aktivität, „Escape from the Tower", verbindet geschickt historische Intrigen mit moderner Unterhaltung und bietet so ein fesselndes und herausforderndes Abenteuer.

Film- und Fernsehstandort:
Die Größe von Casa Loma ist der Filmindustrie nicht verborgen geblieben. Die ikonische Kulisse des Schlosses, die in zahlreichen Filmen und Fernsehsendungen zu sehen war, verleiht seiner ohnehin schon fesselnden Anziehungskraft einen Hauch filmischen Charmes.

Ripleys Aquarium von Kanada

Unterwassertunnel-Abenteuer:
Im Ripley's Aquarium bietet der charakteristische Unterwassertunnel einen faszinierenden 360-Grad-Blick auf das Wasserleben. Besucher laufen unter anmutigen Haien, majestätischen Rochen und lebhaften Fischschwärmen hindurch und schaffen so ein immersives Erlebnis, das die Wunder des Ozeans zum Leben erweckt.

Meereslebensräume:
Verschiedene Exponate im Aquarium repräsentieren verschiedene Meeresökosysteme. Von lebhaften Korallenriffen bis hin zu bezaubernden Kelpwäldern können Besucher die reiche Artenvielfalt in den kanadischen Gewässern und darüber hinaus erkunden und schätzen.

Touch-Tanks und interaktive Displays:

Für ein praktisches Erlebnis bietet Ripley's Touch-Tanks, in denen Besucher mit Stachelrochen und anderen Meereslebewesen interagieren können. Interaktive Displays geben Einblicke in die Meeresbiologie und ermöglichen es den Gästen, ihr Verständnis für die faszinierende Unterwasserwelt zu vertiefen.

Gefährliche Lagune:
Die Dangerous Lagoon ist ein Schaufenster beeindruckender Meeresräuber, darunter Haie und Sägefische. Transparente Tunnel bieten ein aufregendes und immersives Unterwassererlebnis und ermöglichen es den Besuchern, diese unglaublichen Kreaturen in einer sicheren Umgebung aus nächster Nähe zu beobachten.

Tägliche Tauchshows und Fütterungen:
Live-Tauchshows mit Meeresexperten, die mit Meeresbewohnern interagieren, verleihen dem Aquariumerlebnis ein lehrreiches und unterhaltsames Element. Geplante Fütterungen bieten Besuchern die Möglichkeit, das natürliche Verhalten der Meereslebewesen zu beobachten.

Bildungsprogramme:
Ripley's Aquarium engagiert sich für Bildung und bietet Workshops und Programme für alle Altersgruppen an. Mit einem Schwerpunkt auf Meeresschutz und Umweltschutz zielen diese Initiativen darauf ab, das Bewusstsein für die Meere zu schärfen und ein Verantwortungsbewusstsein gegenüber ihnen zu fördern.

Quallen-Galerie:

Die Jellyfish Gallery ist eine faszinierende Ausstellung mit Quallen in verschiedenen Farben und Arten. Beleuchtete Becken zeigen die anmutige und hypnotische Bewegung dieser Meereswunder und schaffen eine ruhige und fesselnde Atmosphäre.

Besondere Veranstaltungen und Übernachtungen:
Über die regulären Ausstellungen hinaus finden im Ripley's besondere Veranstaltungen statt, darunter Themenabende und Übernachtungen. Diese einzigartigen Möglichkeiten ermöglichen es den Besuchern, das Aquarium auch nach Feierabend zu erkunden, was dem Gesamterlebnis noch mehr Spannung verleiht.

KAPITEL DREI

Günstige Unterkunft in Toronto

Erschwingliche Aufenthalte für jeden Entdecker

Herbergen:

- Erkunden Sie verschiedene über die Stadt verstreute Hostels.
- Gemeinsame Schlafsäle oder Privatzimmer zu günstigen Preisen verfügbar.

Günstige Hotels und Motels:

- Zahlreiche preisgünstige Hotels und Motels in und um Toronto.
- Grundlegende Annehmlichkeiten für einen komfortablen Aufenthalt, ohne Ihr Budget zu sprengen.

Airbnb und Ferienwohnungen:

- Entdecken Sie erschwingliche Optionen auf Airbnb für einen persönlicheren Aufenthalt.
- Ferienwohnungen bieten eine gemütliche Atmosphäre mit Kücheneinrichtungen.

Pensionen und Bed & Breakfasts:

- Entdecken Sie charmante Pensionen und B&Bs mit preiswerten Optionen.
- Fügen Sie oft ein kostenloses Frühstück hinzu, um einen Mehrwert zu schaffen.

Universitätsresidenzen:

- Während der studienfreien Zeit bieten einige Universitäten erschwingliche Unterkünfte an.
- Grundlegende Annehmlichkeiten in einer Campusumgebung, geeignet für preisbewusste Reisende.

Budgetketten:

– Mehrere Budget-Hotelketten sind in Toronto vertreten.
- Bekannte Marken, die standardisierte Dienstleistungen zu erschwinglichen Preisen anbieten.

Last-Minute-Angebote und Online-Buchungsplattformen:

- Nutzen Sie Last-Minute-Angebote auf verschiedenen Online-Buchungsplattformen.
- Apps und Websites bieten oft exklusive Rabatte für Spontanreisende.

Vorstadtaufenthalte:
- Erwägen Sie Unterkünfte in den Vororten zu möglicherweise günstigeren Preisen.
- Einfacher Zugang zu öffentlichen Verkehrsmitteln für eine bequeme Anreise in die Innenstadt von Toronto.

Denken Sie daran, die Bewertungen und die Ausstattung zu prüfen, um sicherzustellen, dass die ausgewählte Unterkunft Ihren Vorlieben und Budgetvorgaben entspricht. Toronto bietet ein vielfältiges Angebot an erschwinglichen Aufenthalten, sodass Sie die Stadt erkunden können, ohne auf Komfort verzichten zu müssen.

Mittelklasse-Unterkunft in Toronto

Das Drake Hotel (Boutique-Hotel):
- **Standort:** Queen Street West, ein trendiges Viertel.
- **Rezensionen:** Hoch bewertet auf Plattformen wie TripAdvisor und Google.
- **Einrichtungen:** Künstlerisches Dekor, Veranstaltungsräume und Dachterrasse.
- Budget: 150–250 $ pro Nacht.
- Erreichbarkeit: Gute Anbindung an den öffentlichen Nahverkehr und gute Erreichbarkeit mit dem Auto.
- **Nähe zu Sehenswürdigkeiten:** In der Nähe vielseitiger Geschäfte, Kunstgalerien und trendiger Restaurants.
- **Transport:** Bequemer Zugang zu nahegelegenen U-Bahn-Stationen und Bushaltestellen.

- Dienstleistungen:

- Das Drake Hotel bietet persönlichen Service in einer lebendigen Umgebung. Gäste können künstlerisches Dekor genießen, Live-Events genießen und auf der Dachterrasse entspannen. Das Hotel bedient unterschiedliche Geschmäcker mit vielseitigen Geschäften, Kunstgalerien und trendigen Restaurants im umliegenden Viertel Queen Street West.

Holiday Inn Toronto Downtown Centre (Kettenhotel):

- **Standort:** Zentrale Innenstadtlage.
- **Rezensionen:** Positive Bewertungen für Service und Lage.
- **Einrichtungen:** Fitnesscenter, Tagungsräume und Geschäftsdienste.
- **Budget:** 120–200 $ pro Nacht.
- **Barrierefreiheit:** Gute Anbindung an den öffentlichen Nahverkehr, U-Bahn-Stationen in der Nähe.
- **Nähe zu Sehenswürdigkeiten:** In der Nähe beliebter Sehenswürdigkeiten wie dem CN Tower und dem Royal Ontario Museum.
- **Transport:** Praktisch für Reisende mit nahegelegenen öffentlichen Verkehrsmitteln.
- **Dienstleistungen:**

- Das Holiday Inn bietet exzellenten Service in zentraler Innenstadtlage. Gäste profitieren von Fitnesseinrichtungen, Tagungsräumen und Business-Services. Das Hotel verfügt über eine gute Anbindung an die öffentlichen Verkehrsmittel und eignet sich daher sowohl für Geschäftsreisende als auch für Urlauber, die nahegelegene Sehenswürdigkeiten erkunden möchten.

Residence Inn by Marriott Toronto Downtown (Apartmenthotel):

-**Standort:** Zentral in der Innenstadt, in der Nähe von Sehenswürdigkeiten.

- **Rezensionen:** Positive Bewertungen für geräumige Zimmer und Annehmlichkeiten.

-**Einrichtungen:** Fitnesscenter, kostenloses Frühstück und kostenloses WLAN.

- **Budget:** 160–250 $ pro Nacht.

- **Barrierefreiheit:** Praktisch sowohl für öffentliche Verkehrsmittel als auch für Privatfahrzeuge.

-**Nähe zu Sehenswürdigkeiten:** In der Nähe der wichtigsten Sehenswürdigkeiten und Kulturstätten der Innenstadt.

-**Transport**: Zugänglich für U-Bahn-Stationen und Buslinien.

- **Dienstleistungen:**

- Das Residence Inn by Marriott bietet geräumige Suiten, kostenloses Frühstück und Fitnesseinrichtungen. Dank seiner zentralen Innenstadtlage bietet das Hotel eine gute Anbindung an öffentliche Verkehrsmittel und Privatfahrzeuge. Es ist eine ideale Wahl für längere Aufenthalte mit häuslichen Annehmlichkeiten.

The Ivy at Verity (Historisches Gasthaus/B&B):

-**Standort**: Restaurierte Schokoladenfabrik aus den 1850er Jahren im Distillery District.

-**Rezensionen:** Ausgezeichnete Bewertungen für historischen Charme und Service.

-**Einrichtungen:** Spa, Dachterrasse und kunstvolle Innenräume.

- Budget: 200–300 $ pro Nacht.

-**Barrierefreiheit:**Mit öffentlichen Verkehrsmitteln erreichbar, unter Beibehaltung einer historischen Atmosphäre.

-**Nähe zu Sehenswürdigkeiten:**Umgeben von historischer Architektur und Kulturstätten.

- **Transport:**Sowohl mit öffentlichen Verkehrsmitteln als auch mit dem Auto gut erreichbar.

-**Dienstleistungen:**

- Das Ivy at Verity verbindet historischen Charme mit modernem Luxus. Gäste genießen Wellnessangebote, eine Dachterrasse und kunstvolle Innenräume. Das im Distillery District gelegene Gasthaus bietet ein einzigartiges Erlebnis mit exzellentem Service und Erreichbarkeit mit öffentlichen Verkehrsmitteln oder dem Auto.

Town Inn Suites (Hotel für Langzeitaufenthalte):

- **Standort**: Bloor-Yorkville-Gebiet, in der Nähe von Einkaufsmöglichkeiten und Restaurants.
- **Rezensionen**: Positive Bewertungen für Komfort bei längeren Aufenthalten.
- **Einrichtungen:** Fitnesscenter, Innenpool und Businesscenter.

-**Budget:** 130–220 $ pro Nacht.

-**Barrierefreiheit:** Bequemer Zugang zu öffentlichen Verkehrsmitteln und Berücksichtigung verschiedener Mobilitätsbedürfnisse.

- **Nähe zu Sehenswürdigkeiten**: Umgeben von gehobenen Einkaufsmöglichkeiten und kulturellen Attraktionen.
- **Transport:** Zugänglich für U-Bahn-Stationen und Bushaltestellen.
- **Dienstleistungen:**
  - Das Town Inn Suites eignet sich für längere Aufenthalte mit Fitnesseinrichtungen, einem Innenpool und Businesscenter-Services. Dank der Lage im Stadtteil Bloor-Yorkville können Gäste erstklassige Einkaufsmöglichkeiten und kulturelle Attraktionen genießen. Das Hotel gewährleistet Zugänglichkeit und Komfort für verschiedene Mobilitätsbedürfnisse.

Diese integrierten Beschreibungen bieten einen umfassenden Überblick über die Einrichtungen und Dienstleistungen der einzelnen Mittelklasse-Unterkünfte und helfen potenziellen Gästen, fundierte Entscheidungen zu treffen.

Luxusunterkunft

Four Seasons Hotel Toronto:

- **Standort:** Exklusives Viertel Yorkville.
- **Bewertungen:** Hervorragende Bewertungen für luxuriöses Erlebnis und aufmerksamen Service.
- **Einrichtungen:** Elegante Zimmer, Spa, mit einem Michelin-Stern ausgezeichnetes Restaurant und Lounge auf dem Dach.
- **Budget:** 500 bis 1.000 US-Dollar pro Nacht.
- **Barrierefreiheit:** Praktisch für private und öffentliche Verkehrsmittel.

-**Nähe zu Sehenswürdigkeiten:** Das Hotel liegt im gehobenen Stadtteil Yorkville mit erstklassigen Einkaufsmöglichkeiten und kulturellen Attraktionen.

- **Transport:** Leichter Zugang zu U-Bahn-Stationen und privaten Autodiensten.

- **Dienstleistungen:**

  - Das Four Seasons Hotel Toronto bietet einen luxuriösen Aufenthalt mit eleganten Zimmern, einem erstklassigen Spa und Speisen in einem mit einem Michelin-Stern ausgezeichneten Restaurant. Dank seiner Lage in Yorkville sind erstklassige Einkaufsmöglichkeiten und kulturelle Attraktionen leicht zu erreichen.

Das Ritz-Carlton, Toronto

- **Standort:** Zentrale Innenstadtlage mit Blick auf den Lake Ontario.

- **Rezensionen:** Außergewöhnliche Bewertungen für Luxusunterkünfte und persönlichen Service.

-**Einrichtungen:** Anspruchsvolle Zimmer, Spa, Pool auf dem Dach und gehobene Speisemöglichkeiten.

-**Budget:** 500–900 $ pro Nacht.

- Erreichbarkeit: Bequem für private und öffentliche Verkehrsmittel.

-**Nähe zu Sehenswürdigkeiten:** Zentrale Lage mit herrlichem Blick auf den Ontariosee.

- **Transport:**Leichter Zugang zu U-Bahn-Stationen und privaten Autodiensten.

- **Dienstleistungen:**

  - Das Ritz-Carlton, Toronto, beeindruckt mit eleganten Zimmern, einem luxuriösen Spa und einem Pool auf dem Dach. Gäste können gehobene Küche in zentraler Lage und atemberaubender Aussicht auf den Ontariosee genießen.

Shangri-La Hotel Toronto

-**Standort:** Unterhaltungsviertel, in der Nähe von Theatern und Nachtleben.

- **Bewertungen:** Hervorragende Bewertungen für eine Mischung aus Luxus und kulturellem Ambiente.

-**Einrichtungen:** Moderner Luxus, Spa, Lounge auf dem Dach und einzigartiges Essen.

-**Budget:** 450–800 $ pro Nacht.

- **Barrierefreiheit**: Praktisch für private und öffentliche Verkehrsmittel.

-**Nähe zu Sehenswürdigkeiten:** Liegt im Unterhaltungsviertel, in der Nähe von Theatern und Nachtleben.

- **Transport:** Leichter Zugang zu U-Bahn-Stationen und privaten Autodiensten.

- **Dienstleistungen:**

  - Das Shangri-La Hotel Toronto bietet modernen Luxus mit einem Spa, einer Lounge auf dem Dach und einzigartigen kulinarischen Erlebnissen. Dank seiner Lage im Vergnügungsviertel bietet es einfachen Zugang zu Theatern und dem pulsierenden Nachtleben.

St. Regis Toronto:

- Lage: Finanzviertel, in der Nähe von Geschäften und Unterhaltungsmöglichkeiten.

- **Bewertungen:** Außergewöhnliche Bewertungen für Luxusunterkünfte und aufmerksames Personal.

-**Einrichtungen:** Elegante Zimmer, Spa, gehobene Küche und persönlicher Butlerservice.

-**Budget:** 550 bis 900 US-Dollar pro Nacht.

- Erreichbarkeit: Bequem für private und öffentliche Verkehrsmittel.

- **Nähe zu Sehenswürdigkeiten:** Das Hotel liegt im Finanzviertel, in der Nähe von Geschäfts- und Unterhaltungsmöglichkeiten.

- **Transport:** Leichter Zugang zu U-Bahn-Stationen und privaten Autodiensten.

-**Dienstleistungen:**
  - St. Regis Toronto beeindruckt mit eleganten Zimmern, einem luxuriösen Spa und gehobener Küche. Gäste erhalten einen persönlichen Butlerservice an zentraler Lage in der Nähe von Geschäfts- und Unterhaltungsangeboten.

Das Hazelton Hotel:

- **Standort:** Yorkville-Viertel, bekannt für gehobene Einkaufsmöglichkeiten und Restaurants.

- **Bewertungen:** Hervorragende Bewertungen für luxuriöse Unterkünfte und außergewöhnlichen Service.

- **Einrichtungen:** Stilvolle Zimmer, Spa, privater Vorführraum und Gourmet-Restaurants.

- **Budget:** 500–850 $ pro Nacht.

- **Barrierefreiheit:** Praktisch für private und öffentliche Verkehrsmittel.

- **Nähe zu Sehenswürdigkeiten:** Das Hotel liegt im gehobenen Viertel Yorkville, das für seine gehobenen Einkaufsmöglichkeiten und Restaurants bekannt ist.
- Transport: Leicht erreichbar zu U-Bahn-Stationen und privaten Autodiensten.
- **Dienstleistungen:**
  - Das Hazelton Hotel bietet stilvolle Zimmer, ein luxuriöses Spa und einen privaten Vorführraum. Mit Gourmet-Restaurants

bietet es einen außergewöhnlichen Aufenthalt im gehobenen Viertel Yorkville.

Diese Luxusunterkünfte in Toronto bieten eine Reihe opulenter Erlebnisse, von elegantem Dekor bis hin zu persönlichem Service, und sorgen so für einen luxuriösen und unvergesslichen Aufenthalt.

Vollständige Adressen dieser Orte

Zuvor erwähnte Mittelklasse-Unterkünfte:

Das Drake Hotel (Boutique-Hotel):
-**Adresse**: 1150 Queen St W, Toronto, ON M6J 1J3, Kanada

Holiday Inn Toronto Downtown Centre (Kettenhotel):
-**Adresse**: 30 Carlton St, Toronto, ON M5B 2E9, Kanada

Residenz Inn by Marriott Toronto Downtown (Apartmenthotel):
-**Adresse**: 255 Wellington St W, Toronto, ON M5V 3P9, Kanada

The Ivy at Verity (Historisches Gasthaus/B&B):
-**Adresse**: 111 Queen St E, Toronto, ON M5C 1S2, Kanada

Town Inn Suites (Hotel für Langzeitaufenthalte):
-**Adresse**: 620 Church St, Toronto, ON M4Y 2G2, Kanada

Adressen für Luxusunterkünfte:

Four Seasons Hotel Toronto:
- Adresse: 60 Yorkville Ave, Toronto, ON M4W 0A4, Kanada

Das Ritz-Carlton, Toronto:
- Adresse: 181 Wellington St W, Toronto, ON M5V 3G7, Kanada

Shangri-La Hotel Toronto:
- Adresse: 188 University Ave, Toronto, ON M5H 0A3, Kanada

St. Regis Toronto:
- Adresse: 325 Bay St, Toronto, ON M5H 4G3, Kanada

Das Hazelton Hotel:
- Adresse: 118 Yorkville Ave, Toronto, ON M5R 1C4, Kanada

KAPITEL DREI

Planen Sie Ihre Reise nach Toronto

Bei der Planung Ihrer Reise nach Toronto müssen verschiedene Aspekte berücksichtigt werden, um ein reibungsloses und angenehmes Erlebnis zu gewährleisten. Hier ist ein Leitfaden, der Ihnen bei der Planung hilft:

Beste Reisezeit:

- Toronto erlebt vier verschiedene Jahreszeiten. Der Sommer (Juni bis August) ist beliebt für Festivals und Outdoor-Aktivitäten, während der Winter (Dezember bis Februar) ein Winterwunderland bietet. Frühling und Herbst bringen milderes Wetter.

Überlegungen zum Wetter:

- Überprüfen Sie die Wettervorhersage näher an Ihrem Reisetermin, um entsprechend zu packen, insbesondere im Winter, wenn die Temperaturen erheblich sinken können.

Unterkünfte:

- Wählen Sie die Unterkunft entsprechend Ihren Vorlieben und Ihrem Budget. Erwägen Sie einen Aufenthalt in Vierteln wie Yorkville, Downtown oder dem Entertainment District, um bequemen Zugang zu Sehenswürdigkeiten zu erhalten.

Sehenswürdigkeiten, die man gesehen haben muss:

- Entdecken Sie berühmte Sehenswürdigkeiten wie den CN Tower, das Royal Ontario Museum (ROM), die Toronto Islands, den Distillery District und den High Park.

Lokale Küche:

- Toronto bietet ein vielfältiges kulinarisches Angebot. Probieren Sie lokale Spezialitäten wie Erbsenmehl-Speck-Sandwiches, Buttertörtchen und Poutine. Erkunden Sie verschiedene Viertel für einzigartige kulinarische Erlebnisse.

Transport:

- Toronto verfügt über ein gut vernetztes öffentliches Verkehrssystem, einschließlich Busse, Straßenbahnen und U-Bahn. Erwägen Sie aus Bequemlichkeitsgründen die Anschaffung eines Fahrausweises. Auch Mitfahrdienste und Taxis stehen zur Verfügung.

Veranstaltungen und Festivals:

- Schauen Sie im örtlichen Veranstaltungskalender nach, ob während Ihres Besuchs Festivals, Konzerte und kulturelle Veranstaltungen stattfinden. In Toronto finden das ganze Jahr über zahlreiche Veranstaltungen statt.

Kulturelle Etikette:

- Toronto ist eine multikulturelle Stadt. Respektieren Sie die kulturelle Vielfalt und machen Sie sich mit der grundlegenden Etikette vertraut. Englisch ist die Hauptsprache.

Sicherheitstipps:
- Toronto gilt im Allgemeinen als sicher, aber es ist immer ratsam, wachsam zu sein. Behalten Sie Ihre Sachen im Auge, besonders in überfüllten Gegenden.

Gesundheitsvorkehrungen:
- Überprüfen Sie Reisehinweise und Gesundheitsempfehlungen. Stellen Sie sicher, dass Sie über eine Reiseversicherung und ggf. erforderliche Impfungen verfügen.

Währung und Zahlungen:
- Die verwendete Währung ist der Kanadische Dollar (CAD). Kreditkarten werden weitgehend akzeptiert, es ist jedoch ratsam, für kleine Transaktionen etwas Bargeld bei sich zu haben.

Pass für den Nahverkehr:
- Erwägen Sie den Kauf eines Fahrausweises für unbegrenzte Fahrten mit öffentlichen Verkehrsmitteln während Ihres Aufenthalts.

Erkunden Sie Stadtteile:
- Jedes Viertel in Toronto bietet eine einzigartige Atmosphäre. Erkunden Sie den Kensington Market, die Queen Street West und den Distillery District für abwechslungsreiche Erlebnisse.

Covid-19-Richtlinien:
- Überprüfen Sie, ob Reisebeschränkungen, Gesundheitsprotokolle oder Richtlinien im Zusammenhang

mit COVID-1 vorliegen. Bleiben Sie über die neuesten Updates auf dem Laufenden.

Denken Sie daran, Ihre Pläne auf Ihre Interessen und Vorlieben abzustimmen. Toronto hat viel zu bieten, egal ob Sie sich für Kunst und Kultur, Outdoor-Aktivitäten oder kulinarische Erlebnisse interessieren.

Budget

Die Erstellung eines Budgets für Ihre Reise nach Toronto ist für eine effektive Ausgabenverwaltung von entscheidender Bedeutung. Hier sind einige wichtige Überlegungen:

Unterkunft:
- Recherchieren Sie und wählen Sie Unterkünfte aus, die zu Ihrem Budget passen. Ziehen Sie Mittelklassehotels in Betracht oder erkunden Sie Alternativen wie Airbnb.

Transport:
- Budget für Flüge oder andere Transportmöglichkeiten nach Toronto. Planen Sie lokale Transportmittel wie öffentliche Verkehrsmittel, Taxis oder Mietwagen ein.

Essen und Trinken:
- Weisen Sie ein Tagesbudget für Mahlzeiten zu. Toronto bietet eine Reihe von gastronomischen Einrichtungen, darunter preisgünstige lokale Restaurants und gehobene Restaurants.

Attraktionen und Aktivitäten:

- Informieren Sie sich über die Eintrittspreise für Attraktionen und planen Sie Ihre Aktivitäten entsprechend. Einige Attraktionen bieten möglicherweise Rabatte für Online-Buchungen an.

Unterhaltung und Veranstaltungen:

- Wenn Sie planen, Veranstaltungen oder Festivals zu besuchen, berücksichtigen Sie die Ticketkosten in Ihrem Budget. Informieren Sie sich über kostenlose Veranstaltungen, die während Ihres Besuchs stattfinden.

Einkaufen:

- Wenden Sie einen Teil Ihres Budgets für den Einkauf an, sei es für Souvenirs oder lokale Produkte.

Pass für den Nahverkehr:

- Erwägen Sie aus Bequemlichkeitsgründen den Kauf eines Nahverkehrstickets. Berechnen Sie die Kosten basierend auf der Dauer Ihres Aufenthalts.

Sonstige Ausgaben:

- Berücksichtigen Sie verschiedene Ausgaben wie Trinkgelder, Toilettenartikel und unvorhergesehene Kosten.

Notfallfonds:

- Legen Sie einen kleinen Notfallfonds für unerwartete Ausgaben oder Situationen bereit.

Geldwechsel:

- Wenn Sie aus einer anderen Währung kommen, berücksichtigen Sie Wechselkurse und Gebühren. Nutzen Sie lokale Geldautomaten für bessere Tarife.

1**Reiseversicherung:**
- Berücksichtigen Sie die Kosten einer Reiseversicherung für Krankenversicherung, Reisestornierungen oder unvorhergesehene Umstände in Ihrem Budget.

1**Überlegungen zu Covid-19:**
- Seien Sie auf potenzielle Kosten im Zusammenhang mit Covid-19 vorbereitet, wie z. B. Testanforderungen oder Gesundheitsprotokolle.

1**Freie Aktivitäten:**
- Profitieren Sie von kostenlosen Aktivitäten und Attraktionen. Viele Parks, Märkte und kulturelle Veranstaltungen sind kostenlos zugänglich.

1**Tagegeld:**
- Legen Sie ein tägliches Budget für diskretionäre Ausgaben fest, um Flexibilität bei Ihren Plänen zu gewährleisten.

Überprüfen und anpassen:
- Überprüfen Sie Ihr Budget während Ihrer Reise regelmäßig und passen Sie es bei Bedarf an. Dies hilft dabei, den Überblick zu behalten und fundierte Ausgabenentscheidungen zu treffen.

Denken Sie daran, dass Ihr Budget Ihren Reisevorlieben und -prioritäten entsprechen sollte. Seien Sie flexibel, aber achten Sie auf Ihre Ausgaben, um eine zufriedenstellende und stressfreie Reise nach Toronto zu gewährleisten.

Reiseplan hinzugefügt

Großartig! Sobald Sie Ihr Budget festgelegt und verschiedene Aspekte Ihrer Reise nach Toronto berücksichtigt haben, ist es an der Zeit, einen Reiseplan zu erstellen. Hier ist eine Beispielroute basierend auf den bereitgestellten Informationen:

Tag 1: Ankunft und Akklimatisierung
- Ankunft in Toronto und Einchecken in die von Ihnen gewählte Unterkunft.
- Machen Sie einen gemütlichen Spaziergang durch die Nachbarschaft, um sich an die Umgebung zu gewöhnen.
- Genießen Sie ein entspanntes Abendessen in einem örtlichen Restaurant.

Tag 2: Erkunden Sie die Innenstadt von Toronto
- Vormittagsbesuch des berühmten CN Tower (Eintrittsgebühr: 30 $).
- Nachmittagserkundung des Royal Ontario Museum (ROM) (Eintrittsgebühr: 25 $).
- Abendspaziergang entlang der Uferpromenade und Abendessen in einem Restaurant im Unterhaltungsviertel.

Tag 3: Kulturtag
- Vormittagserkundung der Art Gallery of Ontario (AGO) (Eintrittsgebühr: 25 $).
- Nachmittags Besuch des Distillery District wegen seiner einzigartigen Atmosphäre.

- Besuchen Sie abends eine kulturelle Veranstaltung oder Aufführung.

Tag 4: Natur und Entspannung

- Tagesausflug zum High Park für einen Naturspaziergang und Entspannung.
- Besuchen Sie am Nachmittag die Toronto Islands (Fährgebühr: 19 $).
- Genießen Sie ein abendliches Picknick auf den Inseln.

Tag 5: Einkaufen und lokale Märkte

- Verbringen Sie den Vormittag damit, den Kensington Market zum Einkaufen zu erkunden.
- Nachmittags Besuch des St. Lawrence Market für ein abwechslungsreiches kulinarisches Erlebnis.
- Abend zur freien Verfügung für Freizeit oder zusätzliche Aktivitäten.

Tag 6: An einer Veranstaltung teilnehmen

- Entdecken Sie lokale Veranstaltungen oder Festivals, die während Ihres Besuchs stattfinden.
- Besuchen Sie abends eine Veranstaltung oder ein Konzert (Ticketpreis: 20–100 $).
- Abendessen in einem nahegelegenen Restaurant.

Tag 7: Freier Tag und Flexibilität

- Halten Sie den Tag flexibel für zusätzliche Aktivitäten oder Sehenswürdigkeiten.
- Erwägen Sie, Ihre Lieblingsorte noch einmal zu besuchen oder neue Viertel zu erkunden.
- Abendliches Abschiedsessen in einem besonderen Restaurant.

Tag 8: Abreise
- Checken Sie aus Ihrer Unterkunft aus und fahren Sie zum Flughafen.

Tipps:
- Überprüfen Sie Ihr Budget während der Reise regelmäßig und nehmen Sie bei Bedarf Anpassungen vor.
- Nutzen Sie aus praktischen Gründen die Fahrkarten für den Nahverkehr.
- Erwägen Sie die Nutzung einer Kombination aus öffentlichen Verkehrsmitteln, Fußwegen und gelegentlichen Mitfahrdiensten.

Sie können diese Reiseroute gerne an Ihre Interessen, Vorlieben und die tatsächlichen Betriebszeiten der Attraktionen während Ihres Besuchs anpassen. Wir wünschen Ihnen eine wundervolle Reise nach Toronto!

Visum und Währung

Visa Vorraussetzungen:
- Informieren Sie sich vor der Reise nach Kanada über die Visabestimmungen für Ihre Nationalität. Die meisten Besucher benötigen ein Visum oder eine elektronische Reisegenehmigung (eTA).

eTA für berechtigte Reisende:
- Wenn Sie berechtigt sind, beantragen Sie vor Ihrer Reise online eine elektronische Reisegenehmigung (eTA). Dies ist eine Voraussetzung für Flugreisende und wird in der Regel innerhalb von Minuten genehmigt.

Besuchervisum:

- Wenn Sie keinen Anspruch auf eine eTA haben, beantragen Sie rechtzeitig ein Besuchervisum bei der kanadischen Botschaft oder dem kanadischen Konsulat in Ihrem Land.

Dokumentation:

- Bereiten Sie die erforderlichen Dokumente vor, einschließlich eines gültigen Reisepasses, einer Reiseroute, eines Geldnachweises und aller erforderlichen Belege.

Währung und Zahlung:

Währung:

- Die offizielle Währung ist der Kanadische Dollar (CAD). Informieren Sie sich vor Ihrer Reise über die aktuellen Wechselkurse.

Geldwechsel:

- Tauschen Sie Geld bei Banken oder Wechselstuben um oder nutzen Sie lokale Geldautomaten, um bessere Wechselkurse zu erhalten. Informieren Sie Ihre Bank über Ihre Reisedaten, um Probleme mit Ihren Kredit-/Debitkarten zu vermeiden.

Kartenzahlungen:

- Kredit- und Debitkarten werden weitgehend akzeptiert. Benachrichtigen Sie Ihre Bank über Ihre Reisedaten, um unerwartete Kartenprobleme zu vermeiden.

Kontaktloses Bezahlen:

- Viele Orte akzeptieren kontaktloses Bezahlen. Erwägen Sie daher die Verwendung einer Karte oder mobiler Zahlungsoptionen.

Geldautomaten:

- Benutzen Sie Geldautomaten, um kanadische Dollar abzuheben. Informieren Sie sich bei Ihrer Bank über die Gebühren für internationale Abhebungen.

Trinkgeldkultur:

- Trinkgeld ist in Kanada üblich. Es ist üblich, in Restaurants ein Trinkgeld von 15–20 % zu geben, und es wird auch für Dienstleistungen wie Taxis und Hotelpersonal geschätzt.

Denken Sie daran, über etwaige Änderungen der Visabestimmungen oder Währungsangelegenheiten kurz vor Ihrem Reisedatum auf dem Laufenden zu bleiben.

KAPITEL FÜNF

Kommunikation in Toronto

Sprache:
- Englisch ist die Hauptsprache in Toronto. Die meisten Bewohner und Dienstleister sprechen fließend Englisch.

Mobilfunknetze:
- Toronto verfügt über eine zuverlässige Mobilfunknetzabdeckung. Stellen Sie sicher, dass Ihr Telefon für die internationale Nutzung entsperrt ist, und erwägen Sie den Kauf einer lokalen SIM-Karte zu günstigeren Preisen, wenn Sie sich für einen längeren Zeitraum aufhalten.

Internetverbindung:
- WLAN ist in Hotels, Cafés und öffentlichen Räumen weit verbreitet. Sie können auch mobile Daten für die Internetverbindung nutzen.

Notdienste:
- Die Notrufnummer für Polizei, Feuerwehr und medizinische Hilfe ist 91

Informationen zu öffentlichen Verkehrsmitteln:
- Torontos öffentliches Verkehrssystem (TTC) bietet Aktualisierungen und Informationen in Echtzeit über offizielle Websites und Apps. Für den öffentlichen Nahverkehr werden üblicherweise Presto-Karten verwendet.

Sprachunterstützung:

- Während Englisch vorherrscht, ist Toronto eine der multikulturellsten Städte der Welt, und Sie treffen möglicherweise auf Menschen, die andere Sprachen sprechen. Viele Schilder und Dienste sind in mehreren Sprachen verfügbar.

Besucherinformationszentren:

- In Toronto gibt es Besucherinformationszentren, auch an den wichtigsten Sehenswürdigkeiten, in denen Sie Karten, Broschüren und Hilfe erhalten.

Kulturelle Vielfalt:

- Toronto ist für seine kulturelle Vielfalt bekannt. Respektvolle Kommunikation und ein integrativer Ansatz sind angesichts der multikulturellen Zusammensetzung der Stadt unerlässlich.

Zeitzone:

- Toronto liegt in der östlichen Zeitzone (ET). Beachten Sie daher den Zeitunterschied, wenn Sie telefonieren oder Aktivitäten planen.

Wetterwarnungen:

- Bleiben Sie über die Wetterbedingungen informiert, insbesondere in den Wintermonaten. Lokale Nachrichtensender und Wetter-Apps sorgen für aktuelle Informationen.

Torontos multikulturelle Atmosphäre macht es zu einem einladenden Ort für Besucher aus der ganzen Welt. Passen Sie Ihren Kommunikationsansatz an den Kontext und die Vielfalt an, auf die Sie in dieser dynamischen Stadt stoßen könnten.

Die verschiedenen Sims zur Verwendung

In Toronto haben Sie je nach Bedarf an Daten, Anrufen und Aufenthaltsdauer mehrere Optionen für SIM-Karten. Hier sind einige große Mobilfunkanbieter in Kanada:

Rogers:
- Bietet eine Reihe von Plänen für Sprache, Text und Daten.
- Gute Netzabdeckung in städtischen Gebieten.

Glocke:
- Bietet verschiedene Pläne mit landesweiter Abdeckung.
- Bekannt für zuverlässigen Service.

Telus:
- Bietet eine Vielzahl von Plänen mit umfassender Abdeckung.
- Bekannt für starke Netzwerkleistung.

Freiheitsmobile:
- Bietet günstigere Pläne.
- Gut für den lokalen Einsatz, insbesondere in städtischen Gebieten.

Fido:
– Eine Tochtergesellschaft von Rogers, die wettbewerbsfähige Pläne anbietet.
- Bekannt für Kundenservice und vielfältige Planoptionen.

Virgin Mobile:

- Arbeitet im Bell-Netzwerk.
- Bietet eine Reihe von Plänen mit verschiedenen Funktionen.

Koodo Mobile:

– Eine Tochtergesellschaft von Telus, bekannt für unkomplizierte Pläne.
- Bietet Flexibilität ohne befristete Verträge.

Berücksichtigen Sie bei der Auswahl einer SIM-Karte Faktoren wie Abdeckung, Datengeschwindigkeit und Aufenthaltsdauer. Es empfiehlt sich, die offiziellen Websites dieser Anbieter zu besuchen, um sich über die neuesten Pläne und Werbeaktionen zu informieren. Darüber hinaus finden Sie SIM-Karten an großen Flughäfen, in Einkaufszentren oder direkt in den Filialen des Anbieters in Toronto.

WLAN-Nutzung und Zahlungen

In Toronto ist der Zugang zu WLAN relativ einfach und viele Orte bieten kostenlose oder kostenpflichtige WLAN-Dienste an. Hier ist ein Leitfaden zur WLAN-Nutzung und zum Bezahlen in der Stadt:

Gratis Wifi:

Kaffeehäuser und Cafés:

- Viele Coffeeshops und Cafés in Toronto bieten ihren Kunden kostenloses WLAN an. Beliebte Ketten wie Starbucks, Tim Hortons und lokale Cafés bieten in der Regel kostenloses WLAN an.

Öffentlicher Raum:

- Einige öffentliche Plätze, Parks und Plätze in Toronto verfügen möglicherweise über kostenlosen WLAN-Zugang. Suchen Sie nach Hinweisschildern oder erkundigen Sie sich vor Ort nach verfügbaren Netzwerken.

Bibliotheken:

- Die Filialen der Toronto Public Library bieten Besuchern kostenloses WLAN. Eventuell ist eine Registrierung bzw. Anmeldung mit einem Bibliotheksausweis erforderlich.

Einkaufszentren:

- Einige Einkaufszentren und Einzelhandelszentren bieten Käufern kostenloses WLAN. Suchen Sie nach WLAN-Informationen innerhalb der Räumlichkeiten.

Kostenpflichtiges WLAN:

Hotels:

- Viele Hotels in Toronto bieten WLAN-Zugang an, der oft im Zimmerpreis inbegriffen ist. Einige Hotels erheben möglicherweise separate Gebühren für erweitertes oder Premium-WLAN.

Flughafenlounges:

- Am Toronto Pearson International Airport finden Sie in verschiedenen Lounges kostenpflichtige WLAN-Dienste. Die Preise können je nach Nutzungsdauer variieren.

Konferenzzentren:

- Wenn Sie an Konferenzen oder Veranstaltungen teilnehmen, bietet der Veranstaltungsort möglicherweise kostenpflichtige WLAN-Dienste an. Einzelheiten erfahren Sie bei den Veranstaltern.

WLAN an Bord:

- Wenn Sie nach Toronto fliegen, bieten einige Fluggesellschaften gegen eine Gebühr WLAN-Dienste an Bord an. Erkundigen Sie sich bei Ihrer Fluggesellschaft nach der Verfügbarkeit.

Zahlungsarten:

Kredit-/Debitkarten:

- Bei der Bezahlung von WLAN-Diensten werden üblicherweise Kredit- oder Debitkarten akzeptiert. Stellen Sie sicher, dass Ihre Karte für internationale Transaktionen verwendet werden kann.

Mobile Zahlungen:

- Einige Einrichtungen akzeptieren möglicherweise mobile Zahlungsmethoden wie Apple Pay oder Google Pay für den WLAN-Zugang.

Gutscheine oder Codes:

- An bestimmten Standorten erhalten Sie beim Kauf möglicherweise WLAN-Gutscheine oder -Codes. Mit diesen Codes erhalten Sie Zugriff für eine bestimmte Dauer.

Abonnementpläne:

- Einige Anbieter bieten Abonnements für den WLAN-Zugang an, bei denen Sie für einen bestimmten Zeitraum oder ein bestimmtes Datenvolumen bezahlen können.

Überprüfen Sie immer die Geschäftsbedingungen, Preise und Zahlungsmethoden für WLAN-Dienste, um eine fundierte Entscheidung basierend auf Ihren Bedürfnissen während Ihres Aufenthalts in Toronto zu treffen.

Zu eröffnende Banken und Anforderungen

Die Eröffnung eines Bankkontos in Toronto ist ein unkomplizierter Vorgang. Hier sind einige große Banken in Kanada und die typischen Anforderungen für die Eröffnung eines Bankkontos:

Große Banken in Toronto:

Royal Bank of Canada (RBC)
- [RBC-Website](https://www.rbcroyalbank.com/)
- Niederlassungen in ganz Toronto.

Toronto-Dominion Bank (TD Canada Trust):
- **[TD Canada Trust** Website](https://www.td.com/ca/en/personal-banking/)
- Zahlreiche Filialen in der ganzen Stadt.

Scotiabank:
- [Scotiabank-Website](https://www.scotiabank.com/ca/en/personal.html)
- Breite Präsenz in Toronto mit verschiedenen Niederlassungen.

Bank of Montreal (BMO):
- [BMO-Website](https://www.bmo.com/main/personal)

- Mehrere Filialen betreuen Einwohner von Toronto.

CIBC (Canadian Imperial Bank of Commerce):
- [CIBC-Website](https://www.cibc.com/en/personal-banking.html)
- Zahlreiche Filialen im gesamten Stadtgebiet.

Voraussetzungen für die Eröffnung eines Bankkontos:

Identifikation:
- Primärer Ausweis, z. B. ein gültiger Reisepass oder ein kanadischer Führerschein.

Sekundäre Identifikation:
- Ein sekundäres Identifikationselement, bei dem es sich um eine Sozialversicherungsnummer (SIN), eine Kreditkarte oder eine Stromrechnung handeln kann.

Nachweis der Adresse:
- Nachweis Ihrer aktuellen Adresse, z. B. ein Mietvertrag, eine Stromrechnung oder ein Brief Ihres Arbeitgebers.

Sozialversicherungsnummer (SIN):
- Einige Banken verlangen möglicherweise eine Sozialversicherungsnummer. Wenn Sie vorübergehend ansässig sind, können Sie in der Regel ein Konto für Nichtansässige ohne SIN eröffnen.

Ersteinzahlung:
- Zur Aktivierung Ihres Kontos ist möglicherweise eine Mindesteinzahlung erforderlich. Dieser Betrag variiert je nach Bank und Kontoart.

Studentenstatus (falls zutreffend):
- Wenn Sie Student sind, bieten einige Banken spezielle Studentenkonten an. Möglicherweise benötigen Sie eine Immatrikulationsbescheinigung Ihrer Bildungseinrichtung.

Arbeits- oder Studienerlaubnis (falls zutreffend):
- Wenn Sie neu in Kanada sind, könnte eine Arbeits- oder Studienerlaubnis von Vorteil sein.

Termin:
- Es empfiehlt sich, einen Termin mit einem Bankvertreter zu vereinbaren, um den Kontoeröffnungsprozess zu optimieren.

Wichtiger Hinweis:
Erkundigen Sie sich immer bei der jeweiligen Bank nach den genauen Anforderungen, da diese geringfügig variieren können. Darüber hinaus wird empfohlen, die Bank persönlich aufzusuchen, um genaue Informationen und eine auf Ihre Situation zugeschnittene Beratung zu erhalten.

Shopping-Apps zur Nutzung

Beim Einkaufen in Toronto können Sie verschiedene Apps nutzen, um Ihr Einkaufserlebnis zu verbessern. Hier sind einige beliebte Shopping-Apps, die für Sie nützlich sein könnten:

Umdrehen:

- Zweck: Wöchentliche Flyer, Angebote und Rabatte.
- Funktionen: Durchsuchen Sie lokale Flyer, erstellen Sie Einkaufslisten und entdecken Sie Rabatte bei verschiedenen Einzelhändlern.

Shopkick:
- Zweck: Beim Einkaufen Belohnungen verdienen.
- Funktionen: Sammeln Sie Punkte (Kicks), indem Sie Geschäfte betreten, Produkte scannen oder Einkäufe tätigen, und lösen Sie diese gegen Geschenkkarten ein.

RedFlagDeals:
- Zweck: Entdecken Sie Angebote und Rabatte.
- Funktionen: Greifen Sie auf eine von der Community betriebene Plattform zu, um die neuesten Angebote, Gutscheine und Rabatte zu finden und zu teilen.

Instacart:
- Zweck: Lieferung und Abholung von Lebensmitteln.
- Funktionen: Bestellen Sie Lebensmittel in örtlichen Geschäften und lassen Sie sie an Ihre Haustür liefern oder zur Abholung vorbereiten.

Amazonas:
- Zweck: Online-Shopping-Plattform.
- Funktionen: Greifen Sie auf eine breite Produktpalette zu, lesen Sie Rezensionen und profitieren Sie gegebenenfalls von den Vorteilen von Amazon Prime.

Flare von Shopify:
- Zweck: Lokale Boutiquen und Marken entdecken.
- Funktionen: Entdecken und kaufen Sie bei lokalen Unternehmen ein, erhalten Sie personalisierte Empfehlungen und genießen Sie exklusive Angebote.

Etsy:
- Zweck: Handgefertigte und einzigartige Artikel.
- Funktionen: Verbinden Sie sich mit unabhängigen Verkäufern, die handgefertigte, Vintage- und einzigartige Produkte anbieten.

RetailMeNot:
- Zweck: Gutscheine und Angebote.
- Funktionen: Gutscheine, Cashback-Angebote und Rabatte bei verschiedenen Händlern finden und einlösen.

Zara:
- Zweck: Modeeinkauf.
- Funktionen: Durchsuchen und shoppen Sie die neuesten Modetrends aus den Kollektionen von Zara.

Das Dorf:
- Zweck: Lokale Kleinanzeigen und Gebrauchtwaren.
- Features: Kaufen und verkaufen Sie Artikel vor Ort, finden Sie Dienstleistungen und entdecken Sie Second-Hand-Schätze.

Stellen Sie vor der Verwendung dieser Apps sicher, dass sie mit Ihrem Gerät kompatibel sind, und befolgen Sie stets sichere Online-Einkaufspraktiken. Halten Sie außerdem Ausschau nach lokalen Apps oder Werbeaktionen, die speziell für Toronto gelten und einzigartige Einkaufserlebnisse bieten.

KAPITEL SECHS

Kontaktinformationen

Notdienste:
- Polizei, Feuerwehr, medizinischer Notfall: 911

Touristeninformation:
- Tourismus-Besucherzentren von Toronto:
  - Website: [Tourism Toronto](https://www.toronto.ca/)

Transport:
- Toronto Transit Commission (TTC):
  - Website: [TTC](https://www.ttc.ca/)
  - Kundendienst: 416-393-4636

-**Union Station (GO Transit):**
  - Website: [GO Transit](https://www.gotransit.com/)
  - Kundendienst: 1-888-438-6646

-**Internationaler Flughafen Toronto Pearson:**
  - Website: [Toronto Pearson](https://www.torontopearson.com/)
  - Kundendienst: 416-247-7678

Gesundheitspflege:
- Telehealth Ontario (medizinische Beratung rund um die Uhr):
  - Telefon: 1-866-797-0000

- Lokale Krankenhäuser:
  - Toronto General Hospital: 416-340-3111
  - Toronto Western Hospital: 416-603-2581
  - Sunnybrook Health Sciences Centre: 416-480-6100

Botschaft und Konsulate:
- US-Generalkonsulat Toronto:
  - Website: [U.S. Konsulat](https://ca.usembassy.gov/)

- Notrufnummer: 416-595-1700

-Britisches Generalkonsulat Toronto:
- Website: [Britisches Konsulat](https://www.gov.uk/world/organisations/british-consulate-general-toronto)
- Allgemeine Anfragen: 416-593-1290

Kommunalverwaltung:
- Stadt Toronto:
  - Website: [Stadt Toronto](https://www.toronto.ca/)
  - Kundendienst: 311 (innerhalb von Toronto) oder 416-392-2489

Transportdienste:
- Uber:
  - Website: [Uber Toronto](https://www.uber.com/ca/en/)
  - Support: Über die App

- **Lyft:**
  - Website: [Lyft Toronto](https://www.lyft.com/rider/cities/toronto-on)
  - Support: Über die App

Diese Informationen können sich ändern und es wird empfohlen, die jeweiligen Websites oder Kontaktnummern zu überprüfen, um die aktuellsten Informationen zu erhalten. Wählen Sie in Notfällen immer die Notrufnummer 911, um sofortige Hilfe zu erhalten.

Tourismusbüros

Tourismus-Besucherzentren in Toronto:
- Standort: Verschiedene Standorte in der ganzen Stadt.

- Website: [Tourism Toronto](https://www.toronto.ca/)
- Dienstleistungen: Informationen zu Sehenswürdigkeiten, Karten, Broschüren und Unterstützung bei der Reiseplanung.

Touristeninformation Union Station:
- Standort: 65 Front St W, Toronto, ON M5J 1E6, Kanada
- Dienstleistungen: Unterstützung für Reisende, die an der Union Station ankommen, einschließlich Karten und allgemeinen Informationen.

Besucherinformationen zum Toronto Pearson International Airport:
- Standort: Terminal 1 und Terminal 3
- Website: [Toronto Pearson](https://www.torontopearson.com/)
- Dienstleistungen: Flughafeninformationen, Unterstützung für ankommende und abfliegende Passagiere.

BIA-Informationskiosk in der Innenstadt von Yonge:
- Standort: 209 Yonge St, Toronto, ON M5B 1M4, Kanada
- Website: [Downtown Yonge BIA](https://www.downtownyonge.com/)
- Dienstleistungen: Informationen zu Sehenswürdigkeiten, Veranstaltungen und Hilfe für Besucher in der Innenstadt.

Diese Tourismusbüros bieten wertvolle Informationen, Karten und Unterstützung für Touristen, die Toronto erkunden möchten. Beachten Sie, dass die Öffnungszeiten variieren können. Es empfiehlt sich daher, die jeweiligen

Websites zu überprüfen oder sich direkt an sie zu wenden, um die neuesten Informationen zu erhalten.

Notrufnummern

In Toronto, wie auch im übrigen Kanada, lautet die Notrufnummer für sofortige Hilfe bei Polizei-, Feuerwehr- oder medizinischen Notfällen:

-**Rettungsdienste (Polizei, Feuerwehr, Medizin):911**

Denken Sie daran, diese Nummer verantwortungsbewusst und nur in echten Notfällen zu verwenden. In Situationen, in denen es sich nicht um Notfälle handelt, können Sie sich an die örtlichen Dienste wenden oder die entsprechenden Kontaktinformationen verwenden, die Sie zuvor für spezifische Bedürfnisse bereitgestellt haben.

Regeln und Vorschriften

Bei einem Besuch in Toronto ist es wichtig, die örtlichen Regeln und Vorschriften zu kennen, um einen sicheren und angenehmen Aufenthalt zu gewährleisten. Hier sind einige allgemeine Richtlinien:

Öffentliches Verhalten und Sicherheit:

Littering:

- Entsorgen Sie Abfälle in den dafür vorgesehenen Behältern. Das Wegwerfen von Müll im öffentlichen Raum ist nicht gestattet.

Rauchen:

- Beachten Sie die ausgewiesenen Raucherbereiche. Das Rauchen ist in geschlossenen öffentlichen Räumen und in der Nähe von Eingängen verboten.

Alkoholkonsum:

- Konsumieren Sie Alkohol nur in ausgewiesenen Bereichen oder lizenzierten Betrieben. Das Öffnen von Alkoholbehältern im öffentlichen Raum kann mit Geldstrafen geahndet werden.

Etikette im öffentlichen Nahverkehr:

- Stellen Sie sich geordnet in die Warteschlange, bieten Sie Bedürftigen Sitzplätze an und befolgen Sie die Transitregeln. Essen ist in öffentlichen Verkehrsmitteln grundsätzlich nicht gestattet.

Verkehrs- und Fußgängerregeln:

Fußgängerüberwege:

- Benutzen Sie beim Überqueren von Straßen die ausgewiesenen Zebrastreifen und befolgen Sie die Verkehrssignale.

Radfahren:

- Befolgen Sie die Fahrradregeln, nutzen Sie Radwege, sofern verfügbar, und tragen Sie Helme. In bestimmten Bereichen ist das Befahren von Gehwegen mit Fahrrädern nicht gestattet.

Verkehrsgesetze:

- Halten Sie sich an die Verkehrsregeln, einschließlich Geschwindigkeitsbegrenzungen, Anschnallpflicht und Parkvorschriften.

Kultureller Respekt:

Multikulturelle Sensibilität:
- Toronto ist vielfältig und der Respekt vor unterschiedlichen Kulturen ist wichtig. Beachten Sie kulturelle Normen und Bräuche.

Geräuschpegel:
- Halten Sie den Lärmpegel niedrig, insbesondere in ruhigen Stunden. Respektieren Sie die Ruhe und Privatsphäre in Wohngebieten.

COVID-19-Protokolle:

Gesundheitsmaßnahmen:
- Halten Sie sich an alle aktuellen Gesundheitsrichtlinien und -protokolle, einschließlich des Tragens von Masken und der Einhaltung sozialer Distanzierung.

Tests und Quarantäne:
- Befolgen Sie gegebenenfalls alle Test- oder Quarantäneanforderungen, insbesondere angesichts der sich entwickelnden Natur der COVID-19-Situation.

Tierwelt und Umwelt:

Interaktion mit Wildtieren:
- Vermeiden Sie es, Wildtiere zu füttern oder sich ihnen zu nähern. Respektieren Sie natürliche Lebensräume in Parks und Naturschutzgebieten.

Umweltverantwortung:
- Befolgen Sie verantwortungsvolle Tourismuspraktiken. Entsorgen Sie Abfälle ordnungsgemäß und beteiligen Sie sich an umweltfreundlichen Aktivitäten.

Rechtlichen Erwägungen:

Drogengesetze:
- Halten Sie sich an die kanadischen Drogengesetze. Der Freizeitkonsum von Cannabis ist legal, es gibt jedoch Vorschriften bezüglich Besitz und Konsum.

Identifikation:
- Tragen Sie einen gültigen Ausweis bei sich, z. B. einen Reisepass oder einen amtlichen Ausweis, insbesondere beim Kauf von Artikeln mit Altersbeschränkung.

Es ist wichtig, über Aktualisierungen oder Änderungen der örtlichen Vorschriften auf dem Laufenden zu bleiben. Im Zweifelsfall informieren Sie sich bei den örtlichen Behörden oder Besucherzentren. Nehmen Sie außerdem Rücksicht auf andere und genießen Sie die einladende und vielfältige Atmosphäre, die Toronto zu bieten hat.

KAPITEL SIEBEN

Essen und Gastronomie

Torontos Essen und Gastronomie:

Die kulinarische Szene Torontos ist vielfältig und spiegelt die multikulturelle Bevölkerung der Stadt wider. Hier sind einige Highlights des Essens und der Gastronomie in Toronto:

Ethnische Küche:
- Erkunden Sie Viertel wie Chinatown, Little Italy und Greektown für authentische chinesische, italienische und griechische Küche.

Lebensmittelmärkte:
- Der St. Lawrence Market ist ein Paradies für Feinschmecker mit frischen Produkten, Fleisch und verschiedenen Anbietern. Der Kensington Market bietet eine Mischung aus internationalen Aromen.

Straßenessen:

- Probieren Sie Streetfood von Imbisswagen und Händlern, die vielfältige Optionen anbieten, von Gourmet-Hotdogs bis hin zu internationalen Gerichten.

Globale Aromen:
- Toronto verfügt über eine lebendige Food-Szene mit Einflüssen aus der ganzen Welt. Genießen Sie Gerichte aus der indischen, nahöstlichen, karibischen und afrikanischen Küche.

Vornehmes Speisen:
- Gönnen Sie sich gehobene kulinarische Erlebnisse in renommierten Restaurants mit innovativen und kreativen Menüs.

Lokale Spezialitäten:
- Probieren Sie unbedingt Erbsen-Speck-Sandwiches, Buttertörtchen und das berühmte „Toronto-Sandwich" mit geräuchertem Fleisch.

Vom Bauernhof auf den Tisch:
- Erleben Sie Speisen vom Bauernhof bis zum Tisch in Restaurants, die auf Zutaten aus der Region und der Saison Wert legen.

Vielfältige kulinarische Erlebnisse:
- Von gemütlichen Cafés bis hin zu trendigen Rooftop-Bars bietet Toronto eine Reihe von Speiseatmosphären für jeden Geschmack.

Food-Festivals:

- Suchen Sie nach lokalen Food-Festivals, die Torontos kulinarisches Talent und seine vielfältigen Geschmacksrichtungen präsentieren.

Handwerksbrauereien:

- Erkunden Sie Torontos Craft-Beer-Szene bei einem Besuch lokaler Brauereien, die eine Vielzahl handwerklich hergestellter Biere anbieten.

Kulinarische Touren:

- Nehmen Sie an einer kulinarischen Tour teil, um verschiedene Viertel zu erkunden, lokale Spezialitäten zu probieren und mehr über die kulinarische Geschichte der Stadt zu erfahren.

Desserts und Bäckereien:

- Befriedigen Sie Ihre Naschkatzen mit verschiedenen Dessertoptionen, darunter hausgemachtes Eis, Gebäck und einzigartige Süßigkeiten.

Torontos Food-Szene entwickelt sich ständig weiter. Seien Sie also offen für kulinarische Abenteuer und probieren Sie etwas Neues aus. Ob Sie traditionelle Gerichte oder avantgardistische Kreationen mögen, Toronto hat für jeden Geschmack etwas zu bieten.

Kensington-Markt

Kensington Market, ein Künstlerviertel in der Innenstadt von Toronto, bietet:

Diverse Geschäfte: Entdecken Sie einzigartige Boutiquen und Vintage-Läden.

Internationale Küche: Genießen Sie eine kulinarische Reise mit abwechslungsreichen Lokalen.

Frischemärkte: Entdecken Sie frische Produkte und exotische Zutaten.

Straßenkunst: Bewundern Sie lebendige Wandgemälde und Straßenkunst.

Handwerkliche Waren: Finden Sie handgefertigtes Kunsthandwerk und lokale Kunstwerke.

Vintage-Läden: Stöbern Sie durch Retro-Kleidung und Accessoires.

Live-Kultur: Erleben Sie Live-Musik, Events und Festivals.

Cafés: Entspannen Sie sich in gemütlichen Cafés inmitten einer lebhaften Atmosphäre.

Als fußgängerfreundlicher Zufluchtsort verbindet der Kensington Market Gemeinschaftsgefühl mit künstlerischem Flair und ist daher ein Muss in Toronto.

St. Lawrence Markt

Der St. Lawrence Market im Herzen von Toronto ist ein kulinarisches Paradies mit:

Bioladen: Entdecken Sie Stände mit lokalen Produkten, Fleisch und handwerklichen Produkten.

Lebensmittelverkäufer: Genießen Sie vielfältige Speisen aus der Weltküche.
Antiquitätenmarkt: Entdecken Sie einzigartige Fundstücke auf dem Antiquitätenmarkt am Sonntag.
Geschichte: Tauchen Sie ein in die reiche Geschichte des Marktes seit 180
St. Lawrence Hall: Besuchen Sie die angrenzende St. Lawrence Hall wegen ihrer historischen Bedeutung.
Bauernmarkt: Erleben Sie die Nord- und Südmärkte für frische, lokale Waren.
Kulinarische Events: Nehmen Sie an Kochkursen, Verkostungen und besonderen Veranstaltungen teil.
Kunst und Handwerk: Auf dem Markt finden Sie handgefertigtes Kunsthandwerk und Geschenke.

Der St. Lawrence Market ist ein kulinarisches und kulturelles Ziel und bietet eine reizvolle Mischung aus Geschichte, frischen Produkten und vielfältigen Geschmacksrichtungen.

Chinatown

Torontos pulsierendes Chinatown im Stadtzentrum lädt Sie ein:

Asiatische Küche: Genießen Sie authentische asiatische Aromen aus verschiedenen Küchen.

Marktstände: Entdecken Sie geschäftige Märkte mit frischen Produkten und einzigartigen Fundstücken.

Dim-Sum-Köstlichkeiten: Gönnen Sie sich Dim Sum in traditionellen Teehäusern und Restaurants.

Kulturfeste: Erleben Sie das ganze Jahr über kulturelle Feste und Festivals.

Teeläden: Entdecken Sie Teefachgeschäfte, die eine große Auswahl an Teesorten anbieten.

Geschenkläden: Stöbern Sie in den Geschäften nach Geschenken und Souvenirs im asiatischen Stil.

Straßenleben: Tauchen Sie ein in die lebendige Straßenatmosphäre und die leuchtenden Farben.

Asiatische Bäckereien: Probieren Sie köstliche Leckereien aus asiatischen Bäckereien, die Gebäck und Süßigkeiten anbieten.

Chinatown in Toronto ist eine dynamische Enklave, in der kulinarische Köstlichkeiten und kulturelle Erlebnisse zusammenkommen und eine lebendige und ansprechende Atmosphäre schaffen.

Brennereiviertel

Torontos historischer Distillery District lockt mit:

Gepflasterte Straßen: Schlendern Sie durch charmante Kopfsteinpflasterstraßen und Architektur aus der viktorianischen Zeit.

Kunstgalerien: Entdecken Sie Kunstgalerien, die lokale und internationale Künstler präsentieren.

Einzigartige Geschäfte: Kaufen Sie in einzigartigen Boutiquen handgefertigte Waren und handwerkliche Produkte.
Cafés und Restaurants: Genießen Sie ein Abendessen in trendigen Cafés und Restaurants in historischem Ambiente.

Brennereitouren: Erfahren Sie bei Führungen durch die Brennerei mehr über die Geschichte des Bezirks.

Öffentliche Kunstinstallationen: Bewundern Sie Kunstinstallationen und Skulpturen im Freien.

Veranstaltungsräume: Erleben Sie kulturelle Veranstaltungen, Festivals und Live-Auftritte.

Brennerei-Erbe: Tauchen Sie ein in das reiche Erbe dieses ehemaligen Industriestandortes.

Der Distillery District bietet eine Mischung aus Geschichte, Kultur und Kreativität in einer unverwechselbaren Umgebung und ist damit ein Muss in Toronto.

KAPITEL ACHT

Praktische Tipps in Toronto

Öffentliche Verkehrsmittel:

- Nutzen Sie das effiziente öffentliche Verkehrssystem, einschließlich Busse, U-Bahnen und Straßenbahnen, um durch die Stadt zu navigieren.

Wanderschuhe:

- Bequeme Wanderschuhe sind ein Muss, insbesondere wenn Sie Viertel wie den Kensington Market und den Distillery District erkunden.

Wettervorsorge:

- Überprüfen Sie die Wettervorhersage und packen Sie entsprechend, da es in Toronto unterschiedliche Jahreszeiten gibt. Vergessen Sie nicht, einen Regenschirm für unerwarteten Regen zu tragen.

Geldwechsel:

- Tauschen Sie Geld bei Banken oder offiziellen Wechselstuben gegen bessere Kurse. Für Bargeldabhebungen stehen überall Geldautomaten zur Verfügung.

Trinkgeld-Etikette:

- Trinkgeld ist in Toronto üblich. Lassen Sie in der Regel etwa 15–20 % in Restaurants und geben Sie Taxifahrern, Hotelmitarbeitern und Reiseleitern entsprechende Trinkgelder.

Sicherheitsbewusstsein:

- Toronto ist im Allgemeinen sicher, aber seien Sie in überfüllten Gegenden vorsichtig. Bewahren Sie Wertsachen sicher auf und achten Sie auf Ihre Umgebung.

Sprache:

- Englisch ist die Hauptsprache, aber aufgrund der Vielfalt der Stadt sprechen viele Einwohner mehrere Sprachen.

Notdienste:

- Speichern Sie Notrufnummern, einschließlich 911, in Ihren Kontakten. Informieren Sie sich über die Lage nahegelegener Krankenhäuser und Apotheken.

Kulturelle sensibilität:

- Nehmen Sie das multikulturelle Umfeld Torontos wahr, indem Sie unterschiedliche Bräuche und Traditionen respektieren.

Freie Aktivitäten:

- Nutzen Sie kostenlose Attraktionen wie Parks, Märkte und kulturelle Veranstaltungen, um Ihr Erlebnis zu verbessern, ohne das Budget zu sprengen.

1**Mobile Konnektivität:**

- Erwägen Sie die Anschaffung einer lokalen SIM-Karte oder die Aktivierung eines internationalen Roaming-Plans für eine reibungslose Kommunikation während Ihres Aufenthalts.

WLAN-Verfügbarkeit:

- Die meisten Cafés, Restaurants und öffentlichen Bereiche bieten kostenloses WLAN, sodass Sie auch unterwegs in Verbindung bleiben können.

Zeitzone:

- In Toronto gilt die Eastern Standard Time (EST). Passen Sie Ihren Zeitplan entsprechend an eventuelle Zeitzonenunterschiede an.

Lokale SIM-Karten:

- Wenn Sie eine lokale SIM-Karte benötigen, bieten große Mobilfunkanbieter wie Rogers, Bell und Telus Optionen für die vorübergehende oder kurzfristige Nutzung an.

Covid-19-Protokolle:
- Bleiben Sie über aktuelle Covid-19-Protokolle und -Richtlinien auf dem Laufenden. Informieren Sie sich über etwaige Einreisebestimmungen oder -beschränkungen.

Wenn Sie diese praktischen Tipps im Hinterkopf behalten, stellen Sie sicher, dass Ihr Besuch in Toronto reibungslos und angenehm verläuft.

Navigieren durch die Stadt

Öffentliche Verkehrsmittel:
- U-Bahn: Das U-Bahn-System der Toronto Transit Commission (TTC) ist eine schnelle Möglichkeit, sich innerhalb der Stadt fortzubewegen.
- Busse und Straßenbahnen: Umfangreiche Bus- und Straßenbahnnetze decken verschiedene Stadtteile ab.

Taxis und Mitfahrgelegenheiten:
- Rufen Sie ein Taxi oder nutzen Sie Mitfahr-Apps wie Uber und Lyft für den bequemen Punkt-zu-Punkt-Transport.

Radfahren:
- Entdecken Sie fahrradfreundliche Wege und Wege. Für Kurztrips stehen Bike-Sharing-Dienste zur Verfügung.

Gehen:

- Viele Sehenswürdigkeiten sind zu Fuß erreichbar, insbesondere in Vierteln wie der Innenstadt und dem Vergnügungsviertel.

Hop-On-Hop-Off-Touren:
- Nehmen Sie an einer Hop-On-Hop-Off-Bustour teil, um die wichtigsten Sehenswürdigkeiten bequem zu besichtigen und flexibel auszusteigen und die Umgebung zu erkunden.

Autovermietungen:
- Ein Auto zu mieten ist eine Option, wenn Sie Gebiete außerhalb der Stadt erkunden möchten. Der Verkehr und das Parken in der Innenstadt können jedoch eine Herausforderung sein.

Navigations-Apps:
- Verwenden Sie Navigations-Apps wie Google Maps oder Waze für Wegbeschreibungen und Verkehrsinformationen in Echtzeit.

PATH Unterirdischer Gehweg:
- Nutzen Sie im Stadtzentrum den PATH, einen weitläufigen unterirdischen Fußweg, der Gebäude, Einkaufszentren und Transitstationen verbindet.

Flughafentransport:
- Nehmen Sie vom internationalen Flughafen Toronto Pearson den UP Express-Zug oder den Flughafen-Shuttle für eine bequeme Fahrt in die Innenstadt.

Fähren am Wasser:
- Genießen Sie malerische Fahrten mit der Fähre zu den Toronto Islands und anderen Zielen am Wasser.

Touristeninformationszentren:
- Besuchen Sie Touristeninformationszentren, um Karten, Broschüren und Hilfe bei der Planung Ihrer Route zu erhalten.

Fahrgemeinschaften:
- Erwägen Sie Fahrgemeinschaften für gemeinsame Fahrten, um Nachhaltigkeit und Kosteneffizienz zu fördern.

Fußgängerzonen:
- Achten Sie auf Fußgängerzonen in Gegenden wie dem Yonge-Dundas Square, in denen Sie gemütlich spazieren gehen können.

Sehenswürdigkeiten als Wegweiser:
- Nutzen Sie berühmte Wahrzeichen wie den CN Tower als visuelle Orientierungshilfen bei der Navigation durch die Stadt.

CityPASS:
- Wenn Sie planen, mehrere Attraktionen zu besuchen, sollten Sie den Toronto CityPASS für ermäßigten Eintritt und bevorzugten Zugang ohne Anstehen in Betracht ziehen.

Mit einer Vielzahl von Transportmöglichkeiten ist die Navigation durch Toronto leicht zugänglich und wird unterschiedlichen Vorlieben gerecht. Ganz gleich, ob Sie öffentliche Verkehrsmittel bevorzugen, die Stadt zu Fuß erkunden oder die Stadtlandschaft von einem Reisebus aus genießen möchten, Toronto bietet eine Reihe von Möglichkeiten, die zu Ihrem Reisestil passen.

KAPITEL NEUN

Abschluss

In dieser dynamischen Stadt erzählt jede Ecke eine Geschichte – vom historischen St. Lawrence Market, auf dem die Rufe der Händler widerhallen, bis zur modernen Skyline, die vom berühmten CN Tower dominiert wird. In Torontos Vierteln pulsiert das Leben und bietet vielfältige Erlebnisse, ganz gleich, ob Sie sich inmitten der künstlerischen Leidenschaft der Galerien im Distillery District befinden oder durch die vielseitigen Märkte von Kensington schlendern.

Wenn die Sonne untergeht, erwacht Torontos Nachtleben zum Leben. Die Theater, Bars und Unterhaltungsmöglichkeiten der Stadt bieten ein breites Spektrum an Möglichkeiten, von Shows im Broadway-Stil bis hin zu intimen Jazzaufführungen. Torontos Kulturkalender ist voll von Festivals, die Musik, Film und verschiedene Gemeinschaften feiern und Ihrem Besuch eine zusätzliche Ebene der Lebendigkeit verleihen.

Jenseits der städtischen Hektik ist Toronto ein Tor zu Naturwundern. Erkunden Sie die grünen Weiten von High Park, nehmen Sie eine Fähre zu den Toronto Islands und genießen Sie dort einen ruhigen Rückzugsort, oder unternehmen Sie Outdoor-Abenteuer nur eine kurze Autofahrt von der Stadt entfernt. Toronto verbindet Modernität nahtlos mit der Natur und sorgt so für ein abgerundetes Erlebnis für jeden Reisenden.

Ganz gleich, ob Sie von der Aussicht von der Spitze des CN Tower fasziniert, von der Authentizität seiner Viertel bezaubert oder vom kulturellen Kaleidoskop fasziniert sind: Toronto lädt Sie ein, seinen Geist anzunehmen und Erinnerungen zu schaffen, die noch lange nach dem Ende Ihrer Reise nachklingen . Willkommen in Toronto – einer Stadt, die voller Überraschungen steckt, Vielfalt zulässt und einen unvergesslichen Aufenthalt verspricht.

Printed in Poland
by Amazon Fulfillment
Poland Sp. z o.o., Wrocław

37410167R00060